京华通览

西山永定河文化带

主编／段柄仁

琉璃河

李桂清／编著

北京出版集团公司
北京出版社

图书在版编目（CIP）数据

琉璃河 / 李桂清编著. — 北京：北京出版社，2018.3
（京华通览）
ISBN 978-7-200-13439-1

Ⅰ.①琉… Ⅱ.①李… Ⅲ.①乡镇—介绍—北京 Ⅳ.①K921.5

中国版本图书馆CIP数据核字（2017）第266532号

出 版 人	曲　仲
策　　划	安　东　于　虹
项目统筹	董拯民　孙　菁
责任编辑	董拯民　陈　平
封面设计	田　晗
版式设计	云伊若水
责任印制	燕雨萌

《京华通览》丛书在出版过程中，使用了部分出版物及网站的图片资料，在此谨向有关资料的提供者致以衷心的感谢。因部分图片的作者难以联系，敬请本丛书所用图片的版权所有者与北京出版集团公司联系。

琉璃河
LIULIHE

李桂清　编著

*

北京出版集团公司
北京出版社　　　出版
（北京北三环中路6号）
邮政编码：100120

网　址：www.bph.com.cn
北京出版集团公司总发行
新 华 书 店 经 销
天津画中画印刷有限公司印刷

*

880毫米×1230毫米　32开本　6.125印张　126千字
2018年3月第1版　2024年3月第4次印刷
ISBN 978-7-200-13439-1
定价：45.00元

如有印装质量问题，由本社负责调换
质量监督电话：010-58572393

《京华通览》编纂委员会

主　任　段柄仁
副主任　陈　玲　曲　仲
成　员　（按姓氏笔画排序）
　　　　于　虹　王来水　安　东　运子微
　　　　杨良志　张恒彬　周　浩　侯宏兴
主　编　段柄仁
副主编　谭烈飞

《京华通览》编辑部

主　任　安　东
副主任　于　虹　董拯民
成　员　（按姓氏笔画排序）
　　　　王　岩　白　珍　孙　菁　李更鑫
　　　　潘惠楼

序

PREFACE

擦亮北京"金名片"

段柄仁

北京是中华民族的一张"金名片"。"金"在何处？可以用四句话描述：历史悠久、山河壮美、文化璀璨、地位独特。

展开一点说，这个区域在 70 万年前就有远古人类生存聚集，是一处人类发祥之地。据考古发掘，在房山区周口店一带，出土远古居民的头盖骨，被定名为"北京人"。这个区域也是人类都市文明发育较早，影响广泛深远之地。据历史记载，早在 3000 年前，就形成了燕、蓟两个方国之都，之后又多次作为诸侯国都、割据势力之都；元代作为全国政治中心，修筑了雄伟壮丽、举世瞩目的元大都；明代以此为基础进行了改造重建，形成了今天北京城的大格局；清代仍以此为首都。北京作为大都会，其文明引领全国，影响世界，被国外专家称为"世界奇观""在地球表面上，人类最伟大的个体工程"。

北京人文的久远历史，生生不息的发展，与其山河壮美、宜生宜长的自然环境紧密相连。她坐落在华北大平原北缘，"左环沧海，右拥太行，南襟河济，北枕居庸""龙蟠虎踞，形势雄伟，南控江淮，北连朔漠"，是我国三大地理单元——华北大平原、东北大平原、内蒙古高原的交会之处，是南北通衢的纽带，东西连接的龙头，东北亚环渤海地区的中心。这块得天独厚的地域，不仅极具区位优势，而且环境宜人，气候温和，四季分明。在高山峻岭之下，有广阔的丘陵、缓坡和平川沃土，永定河、潮白河、拒马河、温榆河和蓟运河五大水系纵横交错，如血脉遍布大地，使其顺理成章地成为人类祖居、中华帝都、中华人民共和国首都。

这块风水宝地和久远的人文历史，催生并积聚了令人垂羡的灿烂文化。文物古迹星罗棋布，不少是人类文明的顶尖之作，已有1000余项被确定为文物保护单位。周口店遗址、明清皇宫、八达岭长城、天坛、颐和园、明清帝王陵和大运河被列入世界文化遗产名录，60余项被列为全国重点文物保护单位，220余项被列为市级文物保护单位，40片历史文化街区，加上环绕城市核心区的大运河文化带、长城文化带、西山永定河文化带和诸多的历史建筑、名镇名村、非物质文化遗产，以及数万种留存至今的历史典籍、志鉴档册、文物文化资料，《红楼梦》、"京剧"等文学艺术明珠，早已成为传承历史文明、启迪人们智慧、滋养人们心灵的瑰宝。

中华人民共和国成立后,北京发生了深刻的变化。作为国家首都的独特地位,使这座古老的城市,成为全国现代化建设的领头雁。新的《北京城市总体规划(2016年—2035年)》的制定和中共中央、国务院的批复,确定了北京是全国政治中心、文化中心、国际交往中心、科技创新中心的性质和建设国际一流的和谐宜居之都的目标,大大增加了这张"金名片"的含金量。

伴随国际局势的深刻变化,世界经济重心已逐步向亚太地区转移,而亚太地区发展最快的是东北亚的环渤海地区、这块地区的京津冀地区,而北京正是这个地区的核心,建设以北京为核心的世界级城市群,已被列入实现"两个一百年"奋斗目标、中国梦的国家战略。这就又把北京推向了中国特色社会主义新时代谱写现代化新征程壮丽篇章的引领示范地位,也预示了这块热土必将更加辉煌的前景。

北京这张"金名片",如何精心保护,细心擦拭,全面展示其风貌,尽力挖掘其能量,使之永续发展,永放光彩并更加明亮?这是摆在北京人面前的一项历史性使命,一项应自觉承担且不可替代的职责,需要做整体性、多方面的努力。但保护、擦拭、展示、挖掘的前提是对它的全面认识,只有认识,才会珍惜,才能热爱,才可能尽心尽力、尽职尽责,创造性完成这项释能放光的事业。而解决认识问题,必须做大量的基础文化建设和知识普及工作。近些年北京市有关部门在这方面做了大量工作,先后出版了《北京通史》(10卷本)、《北京百科全书》(20卷本),各类志书近900种,以及多种年鉴、专著和资料汇编,等等,为擦亮北京这张"金名片"做了可贵的基础性贡献。但是这些著述,大多是服务于专业单位、党政领导部门和教学科研人员。如何使其承载的知识进一步普及化、大众化，出版面向更大范围的群众的读物，是当前急需弥补的弱项。为此我们启动了"京华通览"系列丛书的编写，采取简约、通俗、方便阅读的方法，从有关北京历史文化的大量书籍资料中，特别是卷帙浩繁的地方志书中，精选当前广大群众需要的知识，尽可能满足北京人以及关注北京的国内外朋友进一步了解北京的历史与现状、性质与功能、特点与亮点的需求，以达到"知北京、爱北京，合力共建美好北京"的目的。

这套丛书的内容紧紧围绕北京是全国的政治、文化、国际交往和科技创新四个中心，涵盖北京的自然环境、经济、政治、文化、社会等各方面的知识，但重点是北京的深厚灿烂的文化。突出安排了"历史文化名城""西山永定河文化带""大运河文化带""长城文化带"四个系列内容。资料大部分是取自新编北京志并进行压缩、修订、补充、改编。也有从已出版的北京历史文化读物中优选改编和针对一些重要内容弥补缺失而专门组织的创作。作品的作者大多是在北京志书编纂中捉刀实干的骨干人物和在北京史志领域著述颇丰的知名专家。尹钧科、谭烈飞、吴文涛、张宝章、郗志群、姚安、马建农、王之鸿等，都有作品奉献。从这个意义上说，这套丛书中，不少作品也可称"大家小书"。

总之，擦亮北京"金名片"，就是使蕴藏于文明古都丰富多彩的优秀历史文化活起来，使充满时代精神和首都特色的社会主义创新文化强起来，进一步展现其真善美，释放其精气神，提高其含金量。

2017 年 11 月

目录

CONTENTS

概　述 / 1

北京建城之始
周初封侯古燕国 / 9
揭开城址之谜 / 12
青铜器中记载"北京之源" / 21
出土文物珍品多 / 24
博物馆中看沧桑 / 29

水育古镇
广阔平原 / 32
晶莹琉璃水 / 34
商贾云集之地 / 40

南北交通之要冲
琉璃河石桥 / 47

	通衢大路 / 55
	琉璃河火车站 / 59
岫云古刹	明皇的离宫 / 63
	良乡离宫 / 63
	离宫改名恩惠寺 / 65
	八国联军的洗劫 / 66
永定河上金门闸	浑河自古水患多 / 69
	康熙建闸 / 70
	乾隆修葺 / 73
逸闻战事	义和团立坛 / 80
	三系军阀大战琉璃河 / 80
	马福祥病逝之地 / 81
	孙连仲抗战 / 83
	独立营河堤保卫战 / 85
民俗民风	村落的形成 / 87
	韩营坐腔戏 / 89
	民谣拾趣 / 91
	著名传说 / 100
	镇桥梁 / 100
	铁帽将军 / 101
	金门闸的蝈蝈 / 102

	四大鸣山 / 102
	天赐夫人 / 103

诗文荟萃	范成大过河看鸳鸯 / 107
	文天祥雪渡琉璃河 / 108
	袁中道口占风光诗 / 109
	燕谷长桥 / 111
	题壁诗 / 116
	乾隆帝两咏金门闸 / 120

碑　记	石桥碑铭 / 123
	金门闸碑 / 130
	革命烈士纪念碑 / 136

古镇新貌	琉璃河水泥厂 / 145
	乡镇企业 / 151
	教育文化 / 160
	环境建设 / 169
	京南梨乡 / 171
	绿色生态精品小城 / 175
	现代农业示范镇 / 178
	特色小镇建设成效 / 180

后　记 / 183

概　述

房山向为"神京右臂"。琉璃河镇位于房山区东南隅，其西北可望巍巍太行山脉，南瞰浩浩华北平原，地域平阔，千里沃野，正处山前平原位置，宜兵马驱驰，为北方通往南方的重要交通要道。旧时，从北方大漠进入辽阔平原，经太行山前平原南下中原，琉璃河地区乃必经之路，正处于咽喉之地，为中原进入北京的第一站，被誉为北京西南门户。

地处大石河冲积平原，河流众多，大石河（下游为琉璃河）、小清河、永定河流经该镇，与北拒马河交汇。当年的琉璃河，河面宽阔，岸柳成行，植物茂密。丰足的水源，不仅滋润了两岸的肥田沃土，使这里成为农作物、果树、水产品的丰产地，而且还为水上行船、漕运货物提供了便利的运输条件。

琉璃河历史悠久。据对董家林村商周遗址的考古发掘，确定此地为西周燕国始封地，是北京地区最早建立城市的地方，是古燕国文明的发祥地，北京3000多年的建城史由此拉开序幕，被称为"北京之源"。

新石器时期，这里属幽陵，也称幽都或幽州，为北京地区迄今为止所知道的最早名称。据《天府广记·形胜》记载："幽燕自昔称雄，左环沧海，右拥太行，南襟河济，北枕居庸。苏秦所谓府百二之国，杜牧所谓王不得不可为王之地。杨文敏谓西接太行，东临碣石，钜野亘其南，居庸控其北。势拔地以峥嵘，气摩空而崱屴。又云：燕蓟内跨中原，外控朔漠，真天下都会。桂文襄云：形势甲天下，依山带海，有金汤之固。盖真定以北至于永平，关口不百十，而居庸、紫荆、山海、喜峰、古北、黄花镇险扼尤著。会通漕运便利，天津又通海运，成万古帝王之都"。

距今8000年至7000年前，琉璃河为圣聚。在古老的尧舜禹时期，人类逐渐离开岩洞，沿着河流到自然环境优美的山前平原上，建立起原始的部落，或称村落，并在频繁的部落战争中扩大地域，当时的部落亦称聚，即聚落。建立在圣水（琉璃河）岸边的古燕国，就拥有了水源丰富、温暖湿润、植被丰富、地势平缓、平原广阔这些得天独厚的自然条件。

夏商时期，琉璃河为古燕国。有专家学者考证，约在公元前21世纪时，琉璃河地区已有先民活动，并已演变发展为一个自然的方国（或部落），即匽（匽），又称古燕国。

西周初，琉璃河为燕国都城。公元前11世纪，召公因辅佐周武王灭商有功，被封于燕（匽、匽），就是在商匽的旧地上受封，建立了燕国，其都城遗址在今琉璃河董家林村，同时封黄帝之后于蓟。

春秋战国时,燕逐渐强大,后灭蓟(北方另一古国),并迁都于蓟。典籍所载,房山窦店镇西为中都县县治所在地,而琉璃河毗邻中都县。

秦统一天下后,房山辖区先后设置的侯国名称和隶属均变化频繁,而琉璃河地区一直归良乡县所辖。唐代,文献已明确记载了陶村等今属琉璃河地区的一些村名,在云居寺石经题记中记有北陶村;辽时,琉璃河一带有李河、刘李河之村名,名称皆因河而名;《北京历史地图集》中记载元延祐三年(1316年)良乡县县境时,提到今琉璃河地区的刘李店、洄城村;明代,此地一度称燕谷里、燕谷社、燕古店,推测因圣水(今大石河)源于燕山

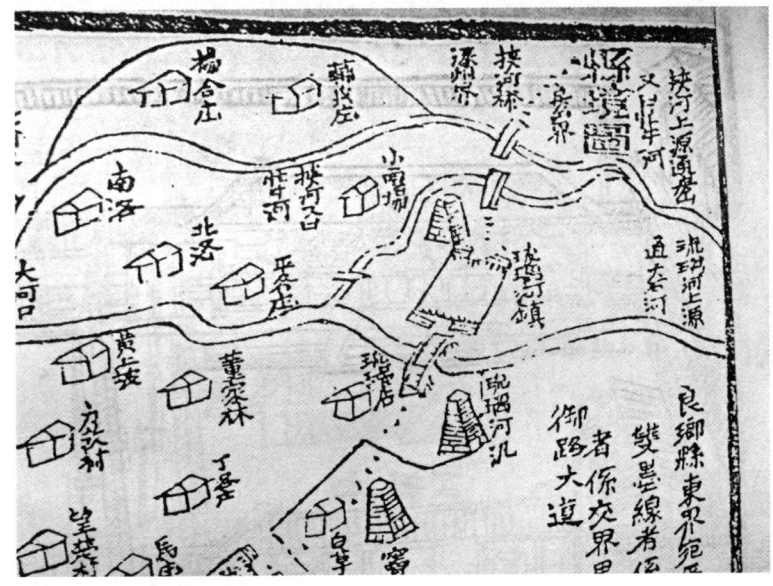

清光绪年间的琉璃河镇行政区划

而得名；清代在此设琉璃河镇，镇以河名。光绪年间，顺天府良乡县琉璃河一带的里有陶村里、路村里、兴礼里、燕谷里。此外，良乡县辖今琉璃河的陶村、窑上等24个村。

中华人民共和国成立初期，房山县、良乡县仍分设，县以下仍实行区、村制，琉璃河、窑上等地归良乡县的七区和八区所辖，包括窑上、万里、韩家营（韩营）、陶村、琉璃河、祖村、路村、保兴庄、立教、南召、等驾林等。1954年，琉璃河镇和立教、南召、万里等地仍归良乡县管辖。1956年，成立琉璃河高级农业生产合作社。1958年，房山县与良乡县合并，成立周口店区，划归北京市，琉璃河属周口店区。同年9月，撤镇、乡，实行人民公

琉璃河公社党代会会场（1980年）

社建置，琉璃河镇改为琉璃河人民公社，辖窦店、交道、东南召、窑上、琉璃河5个工作站。

1960年，撤周口店区，成立房山县，琉璃河属房山县，同年，各工作站分别改称人民公社。

1961年，公社进行重新划分，时有琉璃河、南召（东南召）、窑上3个人民公社，形成了公社、生产大队、生产队"三级所有，队为基础"的所有制。

1981年初，在"改社建乡、政社分开"的农村体制改革下，琉璃河于1981年3月率先改公社为乡，建立了琉璃河乡党委、乡政府和农工商总公司。1983年，除琉璃河乡外，南召公社（东南召）和窑上公社也改为乡，辖域未变。

1986年，撤房山县、燕山区，建立房山区，此时，有琉璃河、南召、窑上等3个乡，隶属房山区。

1990年3月，根据《北京市人民政府关于在京郊部分地区设置街道办事处和建制镇的通知》精神，撤销琉璃河乡，建立了琉璃河地区办事处。

2000年6月20日，经北京市民政局批准，在琉璃河地区办事处设立建制镇，即琉璃河镇，实行"一套人马、两块牌子"；撤销东南召乡，设立东南召镇。

2002年1月25日，经

琉璃河地区办事处挂牌（1990年）

琉璃河镇政府办公大楼

北京市民政局批准，东南召镇、窑上乡并入琉璃河镇。至此，形成了今房山区平原乡镇中面积最大、所辖行政村最多的乡镇（地区办事处）。

琉璃河镇位于北京市西南、房山区东南部，是北京市10个著名的历史文化古镇之一。东部与北京市大兴区交界，南部与河北省涿州市接壤。截至2016年，全镇总面积108平方公里，户籍人口59 174人，常住人口63 730人，辖47个行政村、5个居委会（二街、琉璃河水泥厂、窗纱厂、建材工业学校和金果林社区），是房山区面积最大、行政村最多、农业人口最多的平原乡镇，琉璃河镇基础设施完备，京广铁路、京保公路、京港澳高速公路，南北贯穿全境。大石河、小清河、永定河流经该镇，交通发达，物产丰富，经济繁荣，是房山区重点打造的五大功能区之一的都市型现代农业示范区核心区所在地。

平各庄村

庄头村文体公园

贾河村

西南吕村

北白村

三街村

北京建城之始

北京建城的历史可追溯到3000多年前周武王封召公奭于燕，建立燕国都城，其遗址在今琉璃河董家林、黄土坡一带，遗址内的古城址，就是燕的都邑，是西周燕国政治、经济、文化的中心，北京建城的历史由此揭开序幕。

周初封侯古燕国

北京有燕、北燕、幽燕等古称。追溯燕的来历，最早在《史记·燕召公世家》中："周武王之灭纣,封召公于北燕"中,提到了"北燕"之称,因有南燕,故相对而称为北燕。后为燕国,简称燕。燕字,在甲骨文中已有其字,字形像一只燕子,比燕国之称更早。从琉璃河匽侯铭文的铜器中,可以确证周初召公族被封的燕,即是沿袭商时匽的旧名。地名是人类活动留下的印记,往往与族名、人名相同,北京古有燕国,地称燕地,今有燕山,皆应因有匽（燕）族,因而得名。据此,在武王伐纣之前,燕就为一个古方国。至武王灭商,把他的家族分封在燕地上,建立了西周王朝,国都遗址即在琉璃河,召公奭就是北京地区的第一位王侯。宋宣和四年（1122年）,有燕山府,领12县,包括良乡县,后指燕京,即今北京市。

周是一个古老的部落,传说周公制礼作乐,周初实行的以周王室为中心的分封政治制度影响最具深远。武王虽在军事上取得胜利,但是并没有把商人斩尽杀绝。在局势刚刚稳定下来,周武王就马不停蹄地采取各种措施,以巩固统治地位,实行分封制是主要措施之一,就是把武王的同宗、亲戚、功臣和古代先王圣贤的后裔,分别授予封地或封国,受封者接受周天子的封赐,成为占据一方的诸侯。据《荀子》记载：周初分封了71个侯国,降服的方国有 800 多个。尽管专家学者对周初征服和臣服的诸侯国的数字说法不一，但分封诸侯是事实，其中与周王同为姬姓的诸侯国占 40 个。周王朝建立之时，燕山南北有不少北方部族并未归顺于周王朝，北京地区在商代就存在燕与蓟两个方国。周王室在加强扩展东部的统治外，为加强控制燕山南北和辽西一带的戎翟部落，又在它的北方，封召公奭于燕，建立燕国，封黄帝之后于蓟。西周分封，以宗法血缘关系为纽带，建立起周天子统辖下的地方行政系统，从而在一定时期内起到了加强周王朝统治的作用。分封制还为维护天子、诸侯、卿、大夫、士这一等级序列的礼制的产生，提供了重要前提。

燕国在历史上的地位是很突出的，在我国多民族国家的发展与成长过程中，曾发挥了重要作用。西周初燕国建立后，势力不断强大，燕强蓟弱，不久，燕吞并蓟，并迁到蓟，以为都城，仍称燕，辖境相当于今北京市、天津市大部以及河北省北部、辽宁省西部地区，环绕蓟东北的山此时开始以燕山为名。至燕昭王二十八年（前 284 年），燕、秦、楚、赵、韩、魏六国合纵攻齐，燕国派出乐毅为上将军，统帅六国之兵打败齐国。此时，燕国达到鼎盛时期。东周被秦灭亡之后，齐、楚、燕、韩、赵、魏、秦等 7 个诸侯大国继续进行兼并战争，燕成为战国时期七雄之一。

召公生卒年不详。一作邵公、召康公。名奭，姬姓，同周室，是与周室同姓的贵族，黄帝之后。周文王时，分歧邦周召之地为周公旦、召公奭采地，因采邑之地在召（今陕西岐山西南），故称"召公"或"召伯"。召公奭与姜太公、周公旦是西周初年周王朝中同等重要的人物，辅佐周王南征北战，出谋划策，后历经成王、康王。召公担任太保，与当时的太师、太傅一起，合称为"三公"或"师保"。公元前11世纪，召公辅佐武王灭商有功，被封于燕（或作北燕，今河北北部至辽宁西部一带），为周代燕国开国国君，其都城遗址在琉璃河董家林村。成王时，周公为师，召公为保，共同辅政。一直到康王，召公还担任太保，在政治上享有崇高的地位。以长老身份监护与辅弼年少国君。周公东征胜利，建东都成周（今洛阳），成王始至成周亲理政务。召公作教导篇，即《书·召诰》。以陕（今河南三门峡）为界，与周公旦分陕而治，召公管辖着陕西以西的大片疆土，颇有政绩。死谥曰康公，由嫡长子继承，次子世守采邑于宫。

揭开城址之谜

有关燕、蓟两个北京地区的古国，历来文献记载很少，且关于它们的具体位置说法很难一致，专家学者们对此进行了很多探索，至20世纪50年代末时，西周燕国都城究竟在什么位置，仍然是个说不清的问题。就在专家学者们一筹莫展之时，"功夫不负考古人"，20世纪60年代，在一次考古调查中，专家们发现了房山琉璃河有大片的西周时期土层。后经过10多年（分4期）的发掘调查，最终确定这里是西周燕国都城所在地，同时也结束了学术界关于北京第一个都城所在地的纷争，彻底揭开了北京始建城定位之谜。

1962年春天，北京市文物工作队在房山县考古调查时，在刘李店村、董家林村发现大面积西周时期文化层。同年秋，北京市文物工作队和北京大学历史系考古专业五年级学生组成考古队，对遗址首次进行2个月的小规模试掘，并把发掘的详情著文发表于《考古》1963年第3期，这是关于燕国始封地调查情况发表最早的一篇文章。1964年，黄上坡村民在自家院内挖菜窖时，挖出铜鼎、铜爵各1件，鼎铭为"叔乍宝障彝"，爵铭为"父祭"（现存北京市文物管理处）。1972年秋再次发掘。从1973年春天开始，北京市文物管理处继续开展发掘工作，中国科学院考古研

挖掘现场

究所派4名专家与房山县文教局组成了以著名考古学家殷玮璋为首的琉璃河考古队展开了全面勘察和大规模发掘,一座淹没数千年的西周燕国都城呈现在世人面前。

琉璃河遗址规模宏大、气势非凡,文化内涵十分丰富。遗址分布在以董家林村为中心的洄城、刘李店、董家林、黄土坡、立教、庄头等6个自然村,遗址包括居住址、古城址、墓葬

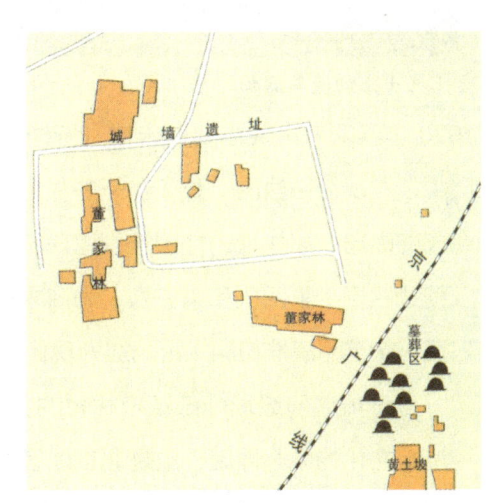

琉璃河西周遗址分布图

区三部分。1979年被公布为北京市第二批文物保护单位，1988年1月被定为全国第三批重点文物保护单位。

琉璃河遗址中的居住址是西周燕国遗存的一部分。在已发掘的居住址中，有当时人们居住过的房基，用过的窖穴、陶窑，并发现一些生活用具和生产工具，其中有陶器、石器、蚌器和骨器等。

黄土坡出土的随葬器物

1973年春，考古队在刘李店村进行遗址发掘时，在西周时代地层中，发现经钻凿的卜骨；在一些灰坑和地层中，发现少数属于商代的陶器。居住址的地层堆积厚薄不一，最厚的堆积按时代可以划分四层：第四层和第三层，为商末至西周的堆积层；第二层为辽、金至明清堆积层；第一层为现代耕土层。

位于琉璃河遗址中部董家林村的古城址，是西周燕国政治、经济、文化的中心地区，也是北京地区发现最早的古城遗址。20世纪60年代，古城址的某些地段的夯土城墙尚保留有1米多高，可惜当时并没有人知道那是一座西周古城的城墙，后因大规模地平整土地，高出地面的残墙断垣都被夷为平地。1973年后，专家学者进行了系列考古钻探和发掘，发现一座西周的"地下古城"，古城风貌依然可见，古城址地面比周围高出许多。1976年、1977年、1984

琉璃河遗址中的排水沟

年（1981年至1986年北京市文物工作队与中国社会科学院考古研究所又组成联合考古队，对董家林古城址作了局部发掘），先后3次对古城址的东北角、北城墙西段和西北角进行发掘。从3处发掘的结果看，城墙是从生土上挖基填土夯实，再分段层层夯筑墙体，其结构可分为主墙及内附墙、外附墙。除南面外，其余三面均有护城河。由于城墙内侧的"护坡"，被商末周初的墓葬以及属于西周时期的灰坑、房址所打破，说明古城的修建年代最迟不应晚于西周初期，这与古代文献所记西周初期北京地区的历史情况基本一致，与西周分封诸侯国时间相吻合。1996年再次发掘古城址，在城内发现刻有文字的卜甲3片，共8个字，其中一片龟甲上刻有"成周"二字。根据城址规模、年代和附近的黄土坡村西周燕国贵族墓地的存在，推测这里是西

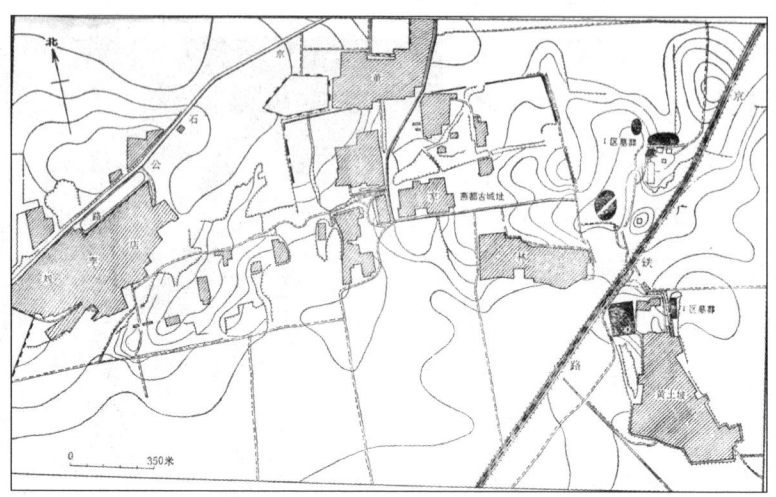

琉璃河燕都城址及墓地

周燕国的都城遗址。

西周墓葬是琉璃河遗址中的重要组成部分。位于遗址中部的黄土坡村北及西周燕都古城址以东一带。由于在墓葬中出土数件带有"匽侯"铭文的青铜礼器，而且墓地距琉璃河地区仅3公里，故墓地称为琉璃河西周燕国墓地。先后共发掘墓葬和车马坑300多座。墓葬按墓坑的长、宽尺寸，可分为大、中、小3种类型。在大、中型墓中，有的附葬车马坑，有的则把车或车的模型（明器）一同埋入墓内，或置于椁顶之上；小型墓中，有的则随葬车马器。葬具主要是棺、椁，大型墓只见木椁，椁内未见木棺，墓中椁已腐朽成灰；中型墓一般为一棺一椁，有的一棺二椁；小型墓一般为一棺一椁，有的只有一棺，少数无棺无椁。京广铁路将墓地自然分成东、西两部分，为工作方便，将铁路以西的墓葬称为Ⅰ区，铁路以东的墓葬称为Ⅱ区，以示区别。两区墓葬存在许多差异，Ⅰ区多为小型墓，也有中型墓，但无大型墓，未见被盗现象；Ⅱ区多为大、中型墓，也有小型墓，一般都被盗。Ⅰ区墓葬中，在墓坑填土和腰坑中，大多有殉狗；Ⅱ区殉狗现象极少见。Ⅰ区有殉人现象；Ⅱ区除发现殉有一人头外，其余大、中、小型

遗址祭祀时的牛坑

墓葬均未见殉人现象。从墓葬Ⅰ区埋葬习俗、陶器组合以及出土的青铜礼器铭文后有殷人的族徽等特点看，Ⅰ区墓主很可能是殷的遗民，或是周灭商前与商朝有密切关系而生活在当地的燕人，后虽归顺了周人，但是在埋葬习俗上还保留着殷人的遗风；Ⅱ区的墓葬应是周人灭商后分封到燕地的周人墓。根据大、中型墓葬集中和青铜礼器铭文判断，Ⅱ区应是西周时代的燕侯家族墓地。

在墓葬中还挖出了几十座车马坑。墓葬随葬的车马坑，体现了墓主人不同的身份、地位。车马本是作战及代步的工具，在当

时属于重要的大型财产,类似于今天的家用汽车,因而用车马殉葬只限于地位较高的人。在黄土坡燕国大、中型墓地发掘中,发现一般都附车马坑,有的是马坑未埋车,无车马者则将车马器

随葬于墓室中,身份越高,殉葬的车马越多。大中型墓葬中车马坑陪葬的马数量有1车2马、2车4马、2车6马,已发现规模最大的202号墓随葬的车马坑中,有12辆车42匹马,为随葬车、马最多的墓。这42匹马,共分4排,虽每排埋马数目不等,但还是整齐地东西排列,马头皆北向。第一排马匹数目最清楚,共有12匹,马骨保存基本完好。第二排正处盗坑的中心

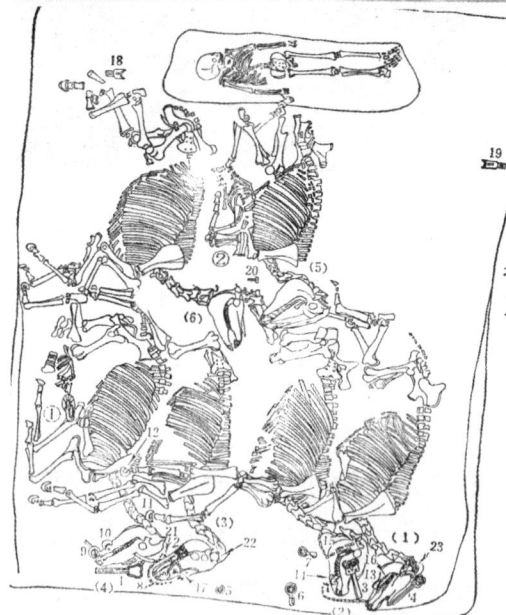

车马坑及平面图

铜马车（复原图）

部位，扰乱严重。第三排中部为盗坑边缘，马骨也被扰乱。第四排各马多被车厢或车轮所压，也有些凌乱。车大部分都是把各部位拆散后埋入，保存较好的只有2辆。另外，在车马坑内还发现车伞盖6个和许多车马饰，如铜毂饰、軎、轭、辐踏、衡饰、辕首饰、车箱饰、踵饰等。在商周时代只有王室、诸侯、贵族死后才能随葬这么多的车马，无疑，墓主人生前是地位、身份皆特殊的诸侯贵族。

在1193号大墓（即燕侯墓）出土的带有燕侯名字的克盉、克罍的青铜器，震动了考古界，燕侯之墓终于尘埃落定。此次发掘，使西周早期燕国史的研究有了新的突破，并由此推向一个新高潮。该墓在黄土坡村，是一座有四条墓道的大型墓葬，墓道开在墓室的四角上，此种形制的墓葬，在已知西周墓葬中为首次发现。商周时代，有没有墓道和有几条墓道，是墓主人地位与身份的一种标志，凡带有墓道的大型墓，生前一般是贵族身份。在安阳殷墟、山东青州的考古发掘，有四条墓道者都是商王或诸侯王的陵墓，有二条或一条墓道的则是王室贵族之墓。在西周都城一带的考古发掘也表明，有墓道的墓均属贵族墓。第1193号墓是西周时期规格最高的陵墓，诸侯王以上人物才有资格享用。该墓早年遭盗，随葬器物几乎被盗一空。盗墓者掘了个长3米、宽2米的圆形盗坑，准确无误地直入椁室，揭起椁顶板把椁内随墓品几乎搜罗一空，并把里面搅得一塌糊涂。尽管遭受盗劫，但经过清理，墓中仍然出土了一些十分难得的文物。3件青铜礼器和200多件青铜兵器、工具、车马器、漆器、玉器、骨器、角器、蚌器及货贝等，兵器中的铜矛、铜戈均有木杆，珍贵无比。3件青铜器中，罍、盉因其器内所铸铭文极为重要，和伯矩鬲、堇鼎、复尊一样，以其自身的独特，跻身于西周重器之列，成为琉璃河考古发现的重要标志。罍与盉的铭文都记载了周王对太保召公的一段讲话，考古学者认为这是周王对太保的直接讲话，与以往发现的铭文开头为"匽侯"语句相比，从等级上看，显然是提高了。据此，专家们一致认定第1193号大墓是西周燕侯陵墓，并且应是燕国第一位君侯之陵。

青铜器中记载"北京之源"

在琉璃河西周燕国遗址发掘中,古城址、大型墓葬为确定琉璃河古城的性质和作用提供了有力物证,发现带有"匽侯"铭文的青铜礼器,更为最终确定琉璃河的燕国都邑提供了直接可靠物证。

戟铭文

青铜兵器戟的内壁上铸有铭文"匽侯"二字。琉璃河遗址古城址内出土了3片刻有文字的卜甲,共8个字,其中一片龟甲上刻有"成周"二字。

堇鼎腹内壁铸有铭文"匽侯令堇饎太保于宗周,庚申,太保赏堇贝,用作太子癸宝尊餗彝",4行26个字,记述了一个叫堇的人,奉匽侯之命,前往宗周向太保召公贡献食物,受到太保赏赐,故称为堇鼎。铭文所记与

堇鼎铭文

克盉铭文

文献所载召公本人并未前往燕国就封燕侯，而"以元子就封，而次子留周室代为召公"一事相印证。此鼎非常珍贵，被定为国家一级文物，现收藏在首都博物馆，为"镇馆之宝"。同墓出土的圉方鼎也记载了匽（燕）侯赏赐贝给一个叫圉的人的事，铭文在盖内及器底均有，内容相同，为"休朕公君，匽侯赐圉贝，用作宝䆨彝"，3行14个字。

复鼎、复尊也铸有铭文，这两件青铜礼器记载了燕侯赏赐复衣物、臣妾和贝的事。复鼎的腹壁内有"侯赏复贝三朋，复用作父乙宝䆨彝冀"的铭文，3行15个字，就是一个叫复的人，有幸得到了燕侯赏赐的衣物、臣妾、钱贝，复用赏赐的钱币三朋（10个贝为一朋）制作了这个鼎，以表孝心。复尊底部有"匽侯赏复䌷衣、臣、妾、贝，用作父乙宝䆨彝，冀"17个字的铭文。

簋及铭文

在克盉、克罍两件青铜礼器中，铸有相同铭文，为"王曰太保：'隹乃明，乃鬯享，于乃辟。余大对乃享，令克侯于匽。羌、马、驭微、克、匽、入土厥辞。'用作宝障彝"。铭文记载了周武王封召公于燕的史实，和《史记》关于武王封燕的记载完全相符。

攸簋（Ⅰ区第 53 号 墓中出土），簋盖和器底各铸有相同铭文，记载燕侯赏赐攸贝而作此簋的事，铭文为"侯赏攸贝三朋，攸用

伯矩鬲铭文

作父戊宝障彝，啟作饌"17 字。

伯矩鬲是极为珍贵的青铜礼器，其铭文有 15 个字，释读为"在戊辰，匽侯赐伯矩贝，用作父乙宝障彝"。大意是，在戊辰时，燕（匽，下同）侯赐贵族伯矩一笔钱，伯矩用这笔钱铸造了这件铜器，以表示对燕侯的纪念。

青铜器及重要铭文的考古发现与文献记载相符，证明琉璃河即为燕国都城，使西周时期的北京历史更加清晰可信，有了明确的建城开端。

出土文物珍品多

琉璃河遗址内出土西周时期的各类文物数千件，以陶器、青铜器为主。这些铸有铭文的青铜礼器，证实琉璃河董家林就是西周燕国的始封地，为研究北京西周时期的文化艺术提供了珍贵实物。

在琉璃河遗址中发掘的青铜器，说明西周时期的青铜器铸造的地域分布，比商代要广泛得多。周王室和诸侯公室，乃至一般贵族，都有规模大小不等的铜器铸造作坊，铸造工艺相当复杂，各种工艺都有专门的工匠，众多的工匠，号称为"百工"。这些作坊和工匠，都由官府管理，所谓"工商食官"的说法，即由此而来。

堇鼎，1973 年在 II 区第 253 号琉璃河西周墓地中出土，是北京地区发现和出土的商周青铜礼器中最大的一件，也是西周燕国重要的青铜器。堇鼎口径 47 厘米，通高 62 厘米，重 41.5 公斤。堇鼎造型浑厚端庄，纹饰

琉璃河遗址出土的堇鼎

古朴苍劲，口稍向内敛，口沿外折，方唇，直耳，鼓腹，兽蹄形足。

复鼎，I区第52号墓出土。口径17.8厘米，通高21.3厘米，重1.92公斤。直口，口沿外折，方唇，直耳作绹状，鼓腹，柱足，口沿下饰一周夔龙纹，腹部无纹饰，腹壁内铸有铭文。I区第52号墓出土的复尊，口径20厘米，通高24厘米，重2.45公斤。喇叭形口，鼓腹，圈足，足边外侈，颈下端饰2周平行的弦纹，腹部上下各饰一周双沟的夔龙纹，圈足上部饰2道平行弦纹，器内底铸有铭文。以上两件青铜礼器记载了燕侯赏赐复衣物、臣妾和贝的事。

琉璃河遗址出土的复鼎

铜盉，1193号大墓出土。高26.8厘米，口径14厘米，弇口、方唇，前有流，后有鋬，鼓腹，略分裆。裆底近平，下有四条圆柱足，盖上有半环形钮，钮与鋬之间环链连接，盖与颈部各饰四组鸟纹，鋬作有双目双角兽首状。纹饰细腻华美，腹内及盖内各铸有长篇铭文，均43个字，内容完全相同。

铜罍，1193号大墓中出土。高32.7厘米，口径14厘米，双耳间距27.2厘米。弇口、平沿、方唇、短颈、圆肩、鼓腹、圈足，有盖，盖顶隆起，正中有一圆形提手。肩部有兽首状半环形双耳，衔环，器之一侧下腹部有一兽头形鼻。盖及肩部饰圆涡纹，

克盉

伯矩鬲

颈部及腹部各饰凸弦纹和凹弦纹。盖内及口沿内有铭文,字数、内容与铜盉铭文相同。

伯矩鬲,第251号墓出土,为青铜器中的佼佼者。器通高31.2厘米,口径23厘米,重7.6公斤。器身、足、盖、盖钮皆采用浮雕式的牛头作纹饰,由7个牛首组成。此青铜器铸造精湛,雄壮生动,在艺术设计和铸造工艺上都具有高超的水平,是一件不可多得的艺术珍品。盖内及口沿内壁各铸有相同的15个字铭文,故青铜器称伯矩鬲,又因全器用牛头作装饰,俗称牛头鬲。伯矩鬲在艺术设计和铸造工艺上,均有独到之处,是周初青铜器中的佼佼者。此器为国家级文物,收藏于首都博物馆。

陶器是琉璃河发掘的随葬器物中最多的一类。在北京地区较少的商代遗存中,董家林村的商代灰坑中出土的陶鬲、陶簋等器物,对研究商代历史显得更加珍贵。在西周遗址第一阶段发掘的墓葬中,随葬陶器的墓葬共有46座,占当时发掘墓葬总数的

陶簋

73%，共出土陶器 241 件，比重之大，可见那时的陶器使用已经很普遍。这些陶器，一部分器表尚留有烟炱痕迹，为生活实用品，也有较多的是专门烧制的随葬冥器。陶器质地分为泥质陶和夹沙陶，泥质陶多为灰色，少数烧成土黄色，也有一部分黑皮磨光陶。夹沙陶颜色较多，有灰、红、褐、黑等色。其中有一部分紫红色者，是由于火候很低，基本上保留着陶坯的红土色，也有一部分火候不均，在同一件器物上呈现出不同的颜色。陶器纹饰以粗绳纹为主，其次为弦纹、三角纹和附加堆纹等。陶器主要以鬲、簋、罐 3 种器形为主，壶、豆、鼎、尊等少见。

漆罍，1981 年至 1983 年于琉璃河西周墓地 1043 号墓出土。复原后通高 54.1 厘米，弇口，折肩，腹微鼓，圈足，有耳，有盖。朱漆地、褐漆花纹，外表都有嵌饰。漆器是我国古代先民创造的手工制品中杰出作品之一，有着悠久历史和古老传统。北方出土完整的漆器比较少，商代和西周时代的漆器出土更少。20 世纪 80 年代

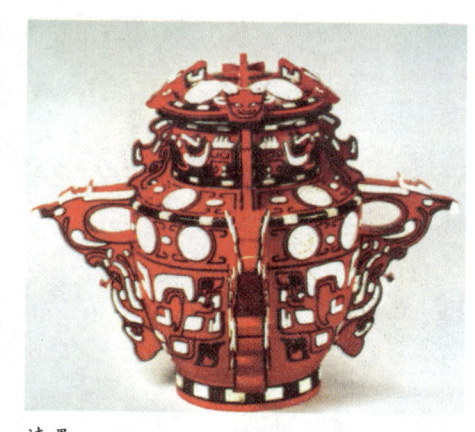

漆罍

初期，在琉璃河黄土坡墓地中发现了一批西周漆器，对其复原后，丰富了对漆器的了解和认识，是令中外考古学界瞩目的新收获。黄土坡墓地发掘的漆器包括罍、觚、豆等成套的漆礼器，造型和色彩设计和制作工艺具有相当高的水平，是 3000 年前漆器匠人精心制作的一批艺术珍品。漆器胎骨都是木胎。漆器用朱色和褐色两种鲜明的颜色，加上蚌片和绿松石的嵌饰，使漆器增加了白、绿和金黄 3 种颜色，巧工们利用色调的强烈对比，使漆器光彩夺目，琉璃河的漆器是它们中的佼佼者，特别是漆罍，不仅造型优美，纹饰繁缛精致，还有牛头、凤鸟，形态生动，无论是图案花纹，还是附加的鸟兽装饰，其工艺之精，形态之美，都很突出，成为我国早期漆器中罕见的精品。

博物馆中看沧桑

西周燕都遗址博物馆位于董家林村。博物馆外的停车场宽大整齐。馆舍前部（西面）有屏风式巨型影壁，雕刻有著名考古学家苏秉琦题写的馆名，两侧为方形亭式建筑各1座，馆四周环以围墙。博物馆院落宽大、整洁、静怡，正中置放铜鼎，院内南北两侧，铺设弯弯曲曲的几条甬路，地面上一片生机盎然的墨绿色的草坪，草坪中间或摆放着五颜六色的花卉，庄严宁静气氛中略带几分生机。博物馆坐东朝西，呈方形，顶部由一高四低的五组四角攒尖式大屋顶覆盖，棕红色色调，四壁为白色。整体建筑宏大、古朴、安详、稳重，严谨协调、古色古香、典雅凝重。西周燕都遗址博物馆占地18 666.7平方米，馆舍建筑面积为2 888平方米，由北京市投资，于1990年开始筹建，1992年开工，1995年4月竣工并举行了"爱祖国爱北京"大型系列文化活动，同年8月21日正式开放，由市文物局、中国殷商史学会在琉璃河主办了"纪念北京建城3040年暨燕文明国际研讨会"，100多名中外学者参加，邮电部、房山区政府还举行了琉璃河遗址邮资明信片、纪念邮票、纪念封的首发式。馆内有7个展厅，包括序厅、青铜礼器厅、墓葬车马坑厅、青铜酒器兵器厅、陶器玉器漆器厅等，有1000余件文物、文物复制品及车马坑原址等，以陈列大量出土的西周燕国文物（102组、件）为主，重点展示古燕国的文化。作为社会教育的重要基地，博物馆已成为全国各地人们认识华夏、了解北京、了解房山的一个重要窗口，也是学校教育的重要补充。人们参观琉璃河燕都遗址，可以了解3000年前的历史文化，领略到中华文化的博大精深和历史的深刻内涵，博物馆多次被评为首都文明旅游景区。展室中的堇鼎、伯矩鬲是最有价值的青铜器之一。这些珍贵文物，承载着千年文化，闪烁着古代劳动人民的高超智慧，3000年前的燕国都城仿佛重现。

西周燕都遗址博物馆

水育古镇

　　琉璃河镇因河而兴。地处大石河冲积平原，是构成北京市东南部广大平原的一部分；河流众多，水源丰富，年降水量在550~600毫米，全区50%的径流汇聚于此，琉璃河水（大石河下游段）孕育了两岸肥沃的土地，为农牧业发展和果树栽培提供了适宜的自然条件，加之交通畅通，成为房山乃至北京历史悠久的著名产粮区，以及远近闻名的码头、集市集聚区，成为南北贸易往来的集散地。

广阔平原

琉璃河镇地势低洼，平原广阔，耕地面积、粮食总产量为房山区之最。地处太行山与华北平原的过渡地带，因大石河、小清河等河流长期携带泥沙，流速减慢后堆积而成为冲积平原、洼地、丘陵等地貌。海拔高度25~33米，平均海拔27.7米。地势由西北向东南倾斜，平均坡度为4‰~5‰，地表略有起伏，面积大，易发生洪涝灾害，如窑上地区因河水漫溢，大部分土地淤积了多

良田

层土。洼地主要有北白洼、立教洼、兴礼洼、洄城洼、西南吕洼、万里洼、大陶村洼地等，岩性为壤质、黏质沉积物。扇间洼地呈长条形、椭圆形或碟形成片分布，一般深 0.5~2 米，潜水位高，雨季易涝，旱季返盐。堤外洼地，因地势低，河床高，河水渗漏，沿河堤形成沼泽。

土壤有潮土、褐潮土、湿潮土、水稻土、风沙土、沼泽土。冲积平原组成物质较复杂，主要是黄土性壤质土、黏土、亚黏土和部分沙土。河床为松沙，洼地为黏性土，表土为黏性土。河间平原、洼地边缘有黏壤质沉积物，由河流沉积和静水沉积交替形成。局部洼地有盐化现象。侵蚀较强的地区发育形成沙地和沙包。因平原土层深厚，水流不通畅，主干河道一般都浅平宽阔，沿河

菜园

道形成长堤形土岗，高出平原 5~7 米。窑上一带的沙丘达 200 多个。随着城镇建设的发展，琉璃河园地面积逐渐扩大，已达 600 公顷以上，其中，有 100 多公顷菜园。

晶莹琉璃水

以历史文化著称的琉璃河镇，水源充沛，农田广阔，林果繁茂，鸟类众多，是房山区的农业大镇。大石河、小清河、永定河流经镇域，占了房山境内河流总数的近四分之一，占房山境内河总数的三分之二。其中，大石河为镇内流域面积最大的河流。丰沛的水源，孕育了琉璃河两岸肥沃的土地，使琉璃河成为种粮、栽树的佳地。

《圣水（大石河）怀古》（二首）

清·高书官

远源来自百花西，万转千回山作堤。

半壁高张青幔帐，龙泉翻碎碧琉璃。

（因山在半壁店，故称半壁）

良乡旧县今何在，圣水嘉名古已题。

读罢水经疑注误，求其沿革总离迷。

古人遗迹渺难求，此水依然滚滚流。
故殿已无唐节度，洞天谁记汉留侯。
龙潭历代空祈雨，孔水何年再泛舟？
世事流迁成梦幻，空从故纸说千秋。

悠悠大石河，来自百花山。大石河发源于房山西境的百花山西麓，属境内河，为海河流域大清河水系北拒马河支流，房山境内第一大水系，境内13条河流之一，三级河流。战国时，此河称绳水，西汉时改称圣水。隋代，因其流经防山之下，遂改称防水。唐时复称圣水。五代时改称石子河，因其上游清碧，河底石子历历可辨，故名。清代有大石河之称。其下游段称琉璃河。

大石河水系有8条河流，由西北至东南纵贯房山全境，山地成为大石河的水源区。上源有两支：一支发源于境内西部山区霞云岭乡堂上村西北；一支源于史家营乡西北部山地。两支流在贾峪口汇合称大石河。河道出山后，自坨里至城关镇马各庄段长8公里，河道均被沙卵石覆盖。境内河长108公里，流域面积最大，为1243.4平方公里，占全区总面积的62%。流域面积覆盖房山

大石河

区西部、北部、中部和东南部，流经琉璃河镇的立教、祖村、南召、兴礼、洄城等多个村庄。平原河道长35公里，流域面积567.5平方公里。主河道进入平原后，流经琉璃河、坨里镇、阎村镇、窦店镇、石楼镇等乡镇，在祖村向南出境，入河北省涿州市码头镇与北拒马河汇合。境内支流有丁家洼河、房山城东河、周口店河、挟括河。

大石河的下游段称为琉璃河，历史悠久。《光绪顺天府志》卷二十记载："琉璃河，圣水，一名大石河。"《方舆纪要》卷十一："琉璃河，即古圣水。"在《日下旧闻考》中记载："琉璃河源出房山县西北，东南经良乡县西南，又东南经涿州东，又南入保定府新城县界，即古圣水也。""大清一统志，琉璃河源出房山西北黑龙潭及孔水洞，俗名芦村河，入良乡县始名琉璃河。范成大集中谓之刘李河，宋敏求入蕃录谓之六里河。"金代，一则以龙泉为其源头之一，改名龙泉河，二则金史又谓之李河、刘李河。南宋诗人范成大和文天祥均有琉璃河诗句，故元朝即有琉璃河之称，以其水流澄澈明似琉璃之故。据此，圣水即今琉璃河，虽名称频改，然大石河、琉璃河实为一水也。每当洪水过后，河水潜入地下，沙石裸露，形成一条地下河，"大石河"由此得名。今大石河自芦村以下河段，称琉璃河。光绪十五年《良乡县志》载："（琉璃河）发源于房山县龙泉峪，南流至涿州境。……行船通保定、天津，……俯桥听瞩，河声触梁，逶迤而东。大或飙霆，小或筝筑。丹碧空行，光影洞澈。易'刘李'为'琉璃'，以形色相转注耳。"当年的琉璃河水，鱼多草茂，清澈见底，鸳鸯成群。《范石湖集》载：

琉璃河

此河"水极清沘，茂林环之，尤多鸳鸯，千百成群"。充沛的水源，没有任何污染，河里鱼、虾、螺、昆虫、藻类等非常丰富。有很多捕鱼者，船载鱼鹰捕鱼，码头上，1元钱就可买3斤活蹦乱跳的大鲤鱼，再买4分钱1斤的"锦复隆"高醋一焖，小镇就飘满鱼香了。除了各种鱼，河里还长着茂密的水蒲草、芦苇、水稗子、三棱草等野草，一览无余。河两旁的水泊、洼地、沼泽地里，有成片的莲、芦苇、水草。

小清河在民国十三年（1924年）《良乡县志》称牤牛河，属大清河水系，发源于北京市丰台区长辛店西北部，大宁水库以上称小哑叭河，以下称小清河。流经房山区的长阳、葫芦垡、官道、

琉璃河（20世纪50年代）

窑上、南召等地，在琉璃河镇八间房村南出境，在河北省涿州市码头镇南汇入北拒马河。全流域面积为436平方公里，山区、平原各占一半，房山境内流长30公里，流域面积为212.35平方公里。

战国时，永定河称古灢水。因其洪水汹涌流急，含沙量高，又俗称"浑河"，再因河身左右游荡不定，曾多次改道，有"无定河"之称。今为大兴区和房山区界河，海河流域北系最大河流。主要源流有二：一为发源山西省宁武县神头泉的桑干河；一为发源于内蒙古兴和县的洋河。两河流至河北省怀来县朱官屯汇合后称永定河。永定河自卢沟桥以下3公里右岸临房山境，经琉璃河镇窑上等地区（其他包括长阳、葫芦垡），在金门闸上约1.7公里处出房山境，入河北省涿州市。房山境内流长29公里，流域面积为26.75平方公里。

众多的河水，肥沃的土壤，广阔的平原，使琉璃河地区自古

小清河

永定河堤

为粮果丰产区。早在西周初,已种植黍、稷、粟、麦、菽、豆、水稻等作物。清雍正五年(1727年),京师营田府(雍正四年置)组织京畿以永定河水淤土肥田,大量植稻。清及民国年间,琉璃河一带,地势低洼,多盐碱,为种植水稻,当地农民便于田间划界开沟,培沟土于畦内,形成台田。中华人民共和国成立后,人们在琉璃河等低洼易涝地区,疏挖排水干沟并建立动力排灌站,改善种植条件,以增强抗灾能力。今琉璃河已成为北京首个都市型现代农业示范镇、全国农产品加工示范基地,东部地区则以林果种植为主。

商贾云集之地

琉璃河自古为交通要冲,陆路发达,水路畅顺,水上运输十分繁忙。大石河自下游段即琉璃河,可行帆船,"此水可行船,琉璃河村南开有粮栈、灰栈、煤栈,皆借此水之利",更有诗句可证:"一水澄清澡行浮,垂柳两岸系渔舟。"

据《光绪顺天府志》记载:"四十里琉璃河镇,亦名刘李河,又曰燕古店,把总驻焉,有铺。"这里所说的"四十里",是指琉璃河镇与北边的良乡城相距四十里。"把总"系管理河道的官员。当时,掌管水域的官员有总督,以下设都司、守备、协守备、千总、把总等。

在未修铁路前,琉璃河镇的码头为货物运输的重要场所。长沟峪一带所产煤炭,除走驮运路外,就是走琉璃河水路,由此装船输出,致商家栉列,帆樯鳞集。至民国初,仍有大小船只连肩接踵,将房山特产石灰、煤、石料、银粉、磁土及药材、山木、果品等装上船,沿着大石河顺流东行,至兴礼村向南折,经涿县码头镇入白沟河,再过白洋淀,至保定,天津,然后载货返航。民国时期,仍有船只往来。

每年农历的八月到第二年五月,是琉璃河镇最红火的日子。每天大约有1000多只骆驼为煤、灰厂(栈)驮脚,人推的独轮木车昼夜往返于周口店与琉璃河之间,每车都推二三百斤煤、灰,多者400斤左右,有的一辆小推车要用两个人,一个人在前面拉(大都是孩子或女人),一个人在后面用力推着。因土路坎坷不平,非常艰苦,更有甚者,则用肩挑。每到夜幕降临,沿河两岸几十家煤、灰货栈,汽灯高悬,照得满镇通明,劳动号子声此起彼伏,不绝于耳。等待卸货装船的船只,从琉璃河镇一直排到十里开外的小店河。这些船大都是从天津、保定运来杂货、食盐、布匹、苇席、缸等。当时黄土坡渡有一个较大的过货栈,他们把运来的货物卸下来,再从琉璃河镇运走煤、灰、石料等。为了维护水上众多船只的运输秩序,民国六年(1917年),在黄土坡专门设立了水上警察,并兼收税,每年的税收也是相当可观,除警察所开支外,余款拨给北洛村工业学校作为办学经费。据说,那时最大的货船载重可达12吨。为装完船能顺利驶进正河道,在牤牛河桥设有一水闸,待装煤、灰的船驶进货场后,把水闸放下,以提高水位,船装满货物,再把水闸提起,货船顺流而下,驶进正河道。如此驶进驶出,日夜不停。

每到夏季,琉璃河边垂柳成荫,桥上人头攒动,桥下船舶万里。河两岸林木茂密,空气清新,正是青年男女谈情说爱的理想场所,当地曾流传"琉璃河三道弯,搞对象上河沿"的佳话,在这"桑间濮上不知成全了多少幸福美满的'鸳鸯'"!

中华人民共和国成立初期,琉璃河水依旧清澈,河宽水急,码头还有船舶往来。每到初春和深秋还有成行的大雁从琉璃河上空飞过。夜晚,成群的大雁就栖息在琉璃河岸边的麦田里,琉璃

琉璃河

河两岸林木茂密,地势平坦、湿润,麦苗葱茏,便于觅食,易于藏身、起落。这些鸟栖息在较开阔的河岸,经常被渔民盯上,三五条渔船潜伏在岸边,架上火枪,待到午夜时分,大雁正在酣睡之时,火枪一齐开火。这时的大雁虽已起飞,但惊魂未定,慌乱中寻不着头雁,低徊盘旋,嗷嗷哀鸣,最易被杀伤。第二次枪响后,真可谓哀鸿遍野了,其音嗷嗷,极其悲凄;少数腾飞者闻其同类哀鸣,亦有物伤其类之情,回顾低旋,正在这时,第三次枪声又响,可怜一群大雁,能幸免逃逸者极少!这时围猎者弃船上岸,手持竹竿,捡拾大雁,对伤残欲逃者用竹竿奋击之,直至就擒,常满载而归。那时,在琉璃河镇的街头和码头集市上,时有出售大雁的。20世纪60年代以后,大雁成群、鸳鸯戏水的景观已不多见。

古镇琉璃河是商贾云集之地,"系四方官员客旅朝会径行驿程正路"。得天独厚的地理优势,使琉璃河集市贸易频繁,商业发达，南北各地物产交易、饷车转运等云集于此，尤以煤、灰、石之业为最，商旅兴隆。

琉璃河遗址出土了殷商时及周时货币。战国时期，燕地商业流通已较发达，交易品有粮食、麻、梨、铁器、铜器、陶器等。为贸易需要，燕曾铸大量铜币。据载，商周燕地有很多专业作坊，如食品酿造作坊，专业作坊后发展为规模更大的"园区"，如酱醋园。清末民初，琉璃河锦福隆粮行曾发行过河票（票号约出现于清道光年间），以河定名，是一种替代现金的票证，该商号资金雄厚，在商界声名显赫。

琉璃河居民很多是半农半商，琉璃河集市上人来人往，热闹非凡，有粮食、牲畜、蔬菜、水果等物品，丰富多样。清康熙年间，琉璃河的集日是初二、初四、初七、初九、十二、十四、十七、十九、二十二、二十四、二十七、二十九。民国年间，逢一、三、六、八为集日。除了这些固定集日外，四月初四的关帝庙、四月十五的辛庄庙会，人山人海，祭拜娱乐，交易物品。那时，琉璃河有粮商18家，布商8家，面粉油商、杂货行、盐店、酱坊、药行等都有四五家，均为私营。琉璃河沿岸人流攒动、叫卖声声、桥上桥下运输繁忙。

民国十年（1921年）左右，琉璃河商业达到鼎盛时期。镇的东、南、西三面的河岸上，经营煤、灰的厂商和货栈就有37家，最大的一家叫利民煤栈，股东为王克敏，该厂将琉周铁路一直修进煤栈，然后直接装船运往保定、天津等地。镇里曾有许多石头铺、酒铺、烧饼铺和首饰楼等店铺，有名的刘石头铺、赵酒铺等流传了几百年。石头铺里的石头样式齐全，盖房用的石板、条石、柱础石、碾盘、碾砣、碌碡、磨盘，喂猪用的食槽、门下的石墩、石狮子等都可在这里买卖。小手工业有烘炉、打车的、钉马掌、张马尾罗、箍桶、编席、编笫篱等。为红白喜事服务的有杠房、轿子坊、吹鼓手、轿夫、裱糊匠、糊纸活的等。当时，良乡、琉璃河、窦店等3个镇为良乡县商贾大镇，仅琉璃河就有铺商100多家，占良乡县铺商总数的三分之一，从事商业的居民有400多户。后日军侵略，琉璃河商号多有倒闭，繁盛商业一度萧条。

中华人民共和国成立后，琉璃河的商业再度恢复。20世纪50年代初期，国有商业和私营商业并存。1950年，在人民政府的领导下，采取以行政区划兼经济区划相结合的建社原则，在各区区公所驻地建立区级合作社，并相应以大村为中心建立单村社，琉璃河即是良乡县的4个集镇社之一。1951年，中国粮食公司通县分公司在琉璃河镇设立了国有商业组织，即粮食小组。人民公社建立后，布局调整，琉璃河基层社并为琉璃河中心商店，并与国营商业局合并，所有制性质一度变更。1955年3月，良乡县在琉璃河镇组建"棉布百货业合作商店"和"医药合作商店"试点，有琉璃河杂货业商店商号，后并入国营企业，个别改合作店组。20世纪60年代后，各类私营商业大多并入国营商业。1978年改革开放后，经过商业体制改革，逐渐形成了多种经济成分并存的体制，这里又成为房山4个市级中心镇建设试点之一，小城镇建设起步早、发展快。在《房山区1989年—2000年经济社会发展规划》中，确定了以琉璃河为中心建设商贸经济区，以充分发挥琉璃河紧靠京石高速公路，联结北京、河北西南大通道的优势，逐步建成多品种、多功能的大型批发交易市场，并以建设京南绿色生态精品小城镇为目标，全力打造一个靓丽的新型"商贾云集"之地。

南北交通之要冲

琉璃河自古以来就是北方通往华北、南方各省的交通要道，有南北交通孔道、京畿要冲之称，有商船云集的漕运码头，有仅次于卢沟桥的重要交通线路——琉璃河石桥。西南各省官员到京师办事者，多取道于房山、良乡地区，其中琉璃河古镇是必经之地。交通便利、连通京城，得天独厚的地理位置，使琉璃河成为南北交通之要冲。

琉璃河石桥

琉璃河石桥是北京桥的代表之一，是重要的交通设施和珍贵的历史文化古迹。石桥位于琉璃河镇北的京石公路上，是房山区境内最大的石拱桥，也是北京地区保存较为完整的四大古代石桥之一，1984年5月24日被列为北京市重点文物保护单位。石桥建造优美精良，坚固耐久，呈南北方向，横跨大石河，上部结构为石拱，下部结构为石墩台。桥身长165.5米，宽10.3米，高8米，桥孔11个，孔径9米，中间三孔东西两侧拱券顶部各雕有一精美镇水兽头，桥身全部用巨大的石块砌成，气势极为雄伟，桥的栏板、望柱上都雕刻着海棠线脚，显得非常古朴。桥面两侧共有石栏立柱88对，柱与柱之间各有长1.65米，宽80厘米，厚28厘米的石栏挡板，全桥共有178块栏板。桥面上条石与条石衔接处嵌以"银锭扣"，异常坚固，仅一侧人行道的平面上就用"银锭扣"198个。桥北端西侧有锻造而成的"铁梁"一根，斜倚桥身，露出地面的长度有10多米，宽约30厘米，厚约25厘米，顶为中空的三角形，俗称"镇桥梁"。从石桥西侧向南数第34根望柱西南棱角上刻有"石匠三千名"的记录。

琉璃河石桥地处交通要道，是古代北京地区通往中原、江南以及晋陕地区的门户。秦时，咸阳至碣石（今河北昌黎西北）驰道北段即穿越琉璃河。汉唐以后,北京地区历来为北方重镇,建造琉璃河石桥当顺其自然。据《良乡县志·舆地志》称:"(琉璃河石桥)为朝宗孔道,四会轮蹄。北望芦(卢)沟,双虹对跨,诚京南要隘也。"可见琉璃河石桥的宏伟壮观,以及在古代对沟通南北交通的重要作用。

琉璃河因地势低洼、水源丰沛,故多水灾,而此地又是交通要道、北京西南门户。要保证京城对南部各省的控制,以及扩大京城管辖范围、各种资源的供应、贸易往来等,琉璃河必须畅通无阻,在琉璃河上(大石河的下游段)建桥,理在其中。正如

琉璃河石桥

元初朝廷官员王恽在《请起盖良乡县留李河桥事状》(留李河为琉璃河别称)中所述:"窃见中都迤南,系四方官员客旅朝会径行驿程正路。……有旧来经由留李河桥道……兵革以来,桥废不行……窃详若依旧盖起留李河桥道,不惟道路高平径直……"此

上书所示，金末琉璃河上仍有桥，后来在金元交战中被毁，王恽上报中书省，请求重新修筑桥梁。随着元大都城的迁都需要，琉璃河成为通往南方的重要通道，王恽建议修琉璃河桥的意见被朝廷采纳。前人（佚名）曾以诗句描绘琉璃河的汹涌波涛："一水东流望欲迷，发原来自太行西。惊涛涌雪归沧海，激浪淘沙拥大堤。虹影千秋成砥柱，鲸波几处汇清溪。风中听罢渔歌晚，两岸垂杨似剪齐。"

今存琉璃河石桥建于明嘉靖十八年（1539年），历时七载，于嘉靖二十五年（1546年）五月乙丑完工。据琉璃河石桥北东侧的《敕修琉璃河桥堤记》碑中记载："嘉靖己亥，皇上驾幸承天，睹民艰涉，恻然悯之。比銮回，敕工部尚书臣甘为霖督修。"当时，嘉靖帝（明世宗）到南方巡视，看到琉璃河河宽水深，两岸往来摆渡应接不暇，特别是汛期，河水汹涌，摆渡时常发生危险，残桥痕迹，过往行人艰难跋涉，两岸交通十分困难，更为重要的是，这条大路是北京通往南方诸省及山西、陕西的必经之地，是政府官员往来公干、传递文书的要道，明世宗回到北京，决定修建大桥，命工部尚书甘为霖督修。

通过综合考虑，决定仿照卢沟桥的样式建造，在选好基址的基础上，重点是防止大水泛滥，冲毁桥梁。建造坚固雄伟的琉璃石桥，耗资巨大。《大明会典》记录，共取用各处帑银30余万两，内钦助银93800余两。刚开工后不久，财力就不支，甘为霖请示拨款，得到明世宗的应允。《明世宗实录》载："甘为霖上书请行开纳事例，通查各省无碍银及变赏大隆兴寺基银，一体解赴工所,仍谪发河南、山东班军应役。"建桥人力投入也很庞大,"凡用石工以万计"。建桥技术更为巧妙高超。所建石桥长约五十丈,三丈宽,高出地面三丈,全部是大条石垒砌到顶,如果桥基不实,下沉倾斜,后果不堪设想。为保桥墩基坑稳固,基坑常挖下六七丈深,直至见底;搭建柏木桩栉工程精细准确,石匠们把柏木锯成一丈多长一根,烧糊后,一头削尖,一根根紧贴着垂直往基坑底下砸,称为柏木桩栉,柏木桩栉要砸到和地面一般平,宽度、长度和桥体宽长一样,桩顶上再用火烧过的粗柏木,横着一层一层地码,码成一条一丈高的长木垛,上面再用汉白玉条石并排平铺,糯米和着石灰粘缝,被称为"金木垛"。

《明世宗实录》记载,与建造石桥同时,在桥南北两侧建有两座牌坊。石桥建成后,明世宗下诏名其北牌坊为"天命仙传",南牌坊为"利民济世",后改为"仙积""永明",再后被命名为"咸济""元恩"。嘉靖四十一年(1562年)时,此二坊重新被装饰,

琉璃河石桥

清康熙年间，二坊已坏废。

琉璃河大桥的建成，恰似"天堑变通途"，打开了京城的南大门，促进了南北交通，在政治、经济、文化等方面起到了非常重要的作用。琉璃河石桥曾被称为"良乡八景"（"八景"即燎岗古塔、城脚鸡鸣、盐沟雪浪、广阳遗城、燕谷长桥、梁公芳沼、望诸君墓、贺云夕照）之一，名为"燕谷长桥"，留有多首描述石桥的诗句。

琉璃河石桥自建成后，因桥两端地势低洼，河水泛滥，每逢汛期洪水暴涨，大水常常漫过桥面，石桥被冲毁，难以越渡，交通时常被迫中断。因此，琉璃河石桥曾多次加固和重修，比较大的修缮工程有5次。

第一次大规模修缮始于明嘉靖四十年（1561年）。嘉靖皇帝拨付帑银8万两，命尚书徐杲督理，由徐杲规划，郎中王尚直、员外郎鲁一经、内官监太监杨用分理，治理水患，堤面铺以条石，在桥两端用条石修筑两堤，一堤从桥北端铺到刘李店村，一堤由桥南端铺到琉璃河街南口外，长1660多米，宽19.8米，高近4米，当地人们俗称为"五里长街"。修堤同时，在桥北添修一孔石拱桥一座，桥长15米，宽11.6米，高4.5米，并修筑水沟8道和牌坊两座，嘉靖四十一年（1562年）完工。此次修筑石桥，有效阻挡了洪水。

第二次修缮是明万历年间。当时，石桥南侧三洞坍塌，路堤也有坳有拆，过往行人无法通行。明神宗获悉后，产生恻悯之心，神宗母慈圣太后首先捐银1万两，六宫而下也都有所捐助，神宗出银 29 054 两，不足之数则佐以水衡钱及各处进助银两，令内宫监太监何江前去修造。自万历二十八年（1600年）冬动工到万历三十年（1602年）春，石桥和路堤修缮完毕。位于琉璃河石桥南的《敕修琉璃河桥记》碑，记述了此次修桥和路堤的史实。

第三次修缮是清代。清代，水灾依然不断，断桥事件时有发生，百姓仍处在水患侵扰之中。为此，清王朝不得不派员监修石桥。清光绪十六年（1890年）夏，连日大雨，山洪暴发，将桥冲断20余丈，因无法渡河，造成南北来往人员和车辆拥堵。朝廷命直隶总督李鸿章派官员监修，历经年载而竣工。民国时期，琉璃河还是时常发生水灾，夏季一连几个月大桥无法使用。为此，石桥曾数次修葺，但都是一般维护。日本侵略军投降后，河北省公路局于民国三十五年（1946年）整修京保公路，在琉璃河地区农民的配合下，拆除琉璃河火车站以南、以北的岔道两边的大墙，将其中基本完整的桥栏杆石件运回琉璃河桥上，又用旧石料配制一部分桥栏杆石件，将琉璃河桥的栏杆重新修复。国民党军队撤退前，将琉璃河石桥的桥面条石掀起多处，并在桥头挖出几道壕沟，以阻挡人民解放军，石桥被毁更为严重。

第四次修缮是中华人民共和国成立初期。市区政府多次投资，修补加固石桥，保证了石桥的畅通。1959年3月下旬至4月中旬，北京市道路管理处对琉璃河石桥实施维修，在桥面和两端路堤的条石面上，加铺油路面，包括桥基及海墁维修工程，修理桥台、桥墩，整修驳岸石墙等，在将桥面的旧沥青面层修补后，又加铺一层沥青面层。

第五次修缮是 2001 年。1966 年京石公路改建时，对该桥的桥基和桥身又进行过维修和巩固。后因年久，河水冲刷严重，至 20 世纪末，桥面下沉，券洞开裂，石桥上被撞毁的望柱达 74 根、栏板 60 块。2001 年 5 月，北京市文物古建工程公司中标，5 月 29 日开工，2002 年 7 月 29 日竣工，总投资 315 万元。这次修缮恢复了桥北夹杆石 4 个，修缮了桥南的护坡，进行了河底清淤、河底石铺墁，把原来的混凝土桥身栏板、望柱栏板换成石制材料，把桥面沥青面清理掉，露出桥面石等。琉璃河石桥脱下穿了几十年的"沥青装"，南来北往的人们几百年来穿桥留下的车辙痕迹清晰地展现在眼前。这些车辙深度达十几厘米，是古代铁轴车常年压过形成的，对研究古代桥梁和风俗都有重要文物价值，也印证了琉璃河石桥对南北交通起的重要作用。

如今，虽经 400 多年的风雨侵蚀，这座古老而壮丽的桥，仍保留着原有风貌，石桥的整体结构依然坚固，经过多次修缮，越来越精致，承重能力丝毫没有降低，至今仍有车辆和村民往来，充分显示了我国古代劳动匠师的智慧和先进的造桥技术。为更好地保护市级重点文物琉璃河古桥，并考虑交通安全，北京市和房山区政府拨款，于 1998 年开始施工，在古桥西侧 30 米处新架设了一座大桥，这座钢筋混凝土结构的新桥，全长 399.25 米，共 13 跨，全宽 15 米，行车道宽 12 米，两侧人行步道各宽 1.5 米，采用城市道路标准，两侧各有长 125.62 米的扶壁式挡土墙，由北京市公路局设计院设计，房山公路分局承建，投资 2300 万元，1999 年 10 月竣工通车。在北京市公路局验收评比中，琉璃河新

琉璃河新桥

架桥被评为外观美、内在质量优的样板工程和北京市"长城杯"优质工程奖,成为房山境内较大的一座桥梁。

通衢大路

历史上,由北京沿太行山东麓通往中原的大道穿行琉璃河境内。董家林商周遗址发掘的"单辕四厢"和"单辕二厢"两种车型,轮距较宽,大约4米,与陕西镐京发掘出土的殉车相同。有马车这样的先进交通工具,车行大道自然形成。

东周时期,琉璃河为燕国中都属地,即归良乡县管辖。秦灭六国后,为加强中央对地方的控制,以国都咸阳为中心,陆续修筑了通向全国各地的驰道,东到燕齐,南极吴越,其咸阳至碣石一线,联涿越蓟,涿蓟之间,即是秦良乡县地,其间道路必过琉璃河地区。秦道路规模和筑路技术,较商周时期有了很大发展和进步。

汉至隋唐时期,沿用秦代的驰道,同时,进一步发展为设备齐全的驿站道路。燕地的物产鱼、盐、枣、栗等与塞外的牛、羊、马等商品频繁交易,琉璃河地区成为南北通商大道北端的要冲和民族商业交往的枢纽。

金时期,良乡为中都南部主要门户,加之古"圣水"(琉璃河)自古河面宽阔,来往船只热闹非凡。

明清时期,琉璃河一带的道路交通已具相当规模。据光绪《良乡县志》载:在良乡县南门内迤西设固节驿,有腰站三处,一在京师广安门内，一在宛平县，属长新（辛）店，一在良乡县琉璃河。经济贸易、使节往来、军事等各方面与南方各省的活动，仍要通过此地，明代修建的琉璃河石桥使这条自京城通向西南各省的大干道更加畅通，成为当时房山境内30座石桥之一，后又修建了东三孔桥。当时的道路分为三级：由京师（北京）通往各府治所的路为"官马大道"，又称"官道"；各府与州之间的为大路，又叫"通衢大道"；各州、县、镇之间的路为州县大道。当时，北京向外辐射的主要官马大道有东、西、南、北四条，南路正是"燕都道"演变而来的。此时，良乡至琉璃河为京城的一条重要官路，通称"九省御路"，其道路两旁柳树婀娜多姿。

自辛亥革命后，人们对修路带来的种种好处，体会越来越深切。民国三年（1914年），北京政府颁布《京师公修道路简章》，并于京兆尹公署下设京兆国道局，负责京畿道路管理。民国八年（1919年）11月，国民政府公布修筑道路章程，经琉璃河镇的这条原为明清时的官马大道，民国初时拓修的京保路被列为国道。民国十六年（1927年），建成北京至涿州段公路，房山段成为房山境内第一条公路。起点北平，向西南伸延至南岗洼村，由黄管屯北入良乡境内，经过长阳、良乡、纸坊、刘李店等村，穿琉璃河镇，跨挟括河入涿县境。民国二十四年（1935年），国民革命军二十九军出于军事需要，曾对其改建。抗日战争时期，日伪对该公路再次扩修，在京石公路沿线有琉璃河日伪据点，在石桥南头有坚固的岗楼，伪军日夜把守，过往行人均遭到盘查勒索，这处古今交通的要道，成了日伪军横行霸道的地方。

中华人民共和国成立初期，百废待兴，财政困难问题稍稍缓解，便加快修筑公路。穿越琉璃河镇的京保公路，是交通运输的一条重要道路。京（北京）深（圳）公路自北端的北京至保定段曾称为京保公路，北京至石家庄段又曾称京石路。京深公路南经丰台卢沟桥、良乡、琉璃河镇，进入河北、河南、湖北等省，直至广东省深圳市，是我国南北交通大干线之一。房山境内长24.5公里。1956年，河北省通县专区投资对良乡境内路段首次改建。同年，良乡县建立了交通科，并在京保公路按里程派建勤养路民工。改建后的京保公路房山段，符合三级公路标准。1965年至1966年，对京保公路房山境内段铺修油路面，同时也成为房山境内第二条铺有油路的公路，其路线名称也改为京石（北京至石家庄）公路。1975年，房山公路管理所对琉璃河古石桥进行加固，修整琉璃河镇大街，并将沿线6座砖拱桥改为钢筋混凝土盖板桥，

京保公路

全部工程于1977年4月竣工,改建后,京石公路由三级升为二级。之后,又于1978年、1979年将琉璃河镇南口桥增宽。经数次修整,京石干线公路达到畅、洁、绿、美的标准,提高了通过和抗灾能力,已成为平坦宽阔、行车安全平稳的南北大动脉。

社会发展的速度越来越快,公路的修筑技术越来越高,高速公路应运而生。自1986年4月起,分四期在京石公路东侧修建北京第一条高速公路,即京石高速公路。京石高速公路由北京经石家庄通往广州、深圳,为编号107国家级干道的一部分,也是北京西南方向主要放射性干线公路。北京段长45.8公里,起自北京西三环路六里桥,南经卢沟桥、良乡、窦店,穿过琉璃河镇,进入河北省。实行全封闭、全立交、中央设置分隔带。设计时速80至120公里,通行能力为每日5万辆。设有双向6车道,加港湾式停车带。路基宽37.5米,路面宽2×12.25米,中间隔离带宽10米。全线交通设施齐全、完备。房山阎村到琉璃河白庄段于1993年11月竣工。京石高速公路的建成,不仅解决了西南方向进出北京车辆拥堵的问题,而且加强了北京与各地的联系,尤其是公路穿越琉璃河镇,为其经济建设发展提供了基础条件,地区发展优势明显增强,从北京到琉璃河只需50分钟,快捷、畅通。如今,京保公路、京石高速公路,南北贯穿琉璃河,另有多条公路通良乡,村与村之间都有公路或土路相通。

京石高速公路（今京港澳高速）

琉璃河火车站

琉璃河自古就是交通枢纽地带。它以董家林为起点，穿越琉璃河镇，进入河北省境，经涿州、保定等，可达河南及南方各省；北经窦店、良乡等地，可到东北各地。这条燕都车行道路，可谓房山境内乃至北京地区最早的车行道路，它纵贯房山东北平原，对房山地区道路交通的发展，以及我国南北交通大干线的形成与发展，都起到了重要作用。

尤自煤炭业兴起后，有"煤炭之乡"之称的房山，大安山、史家营等山区煤炭，源源不断地从山区运到山外城镇，驮运路随之形成。其中，英水至坨里路，从英水起点，途径琉璃河镇的黄土坡等村庄。此条路回峰越岭，坎坷崎岖，运送煤、石灰的骡马、驴子、骆驼成群结队，络绎不绝，直至坨里至清港高线路修成，驮运骡马才逐渐稀少。另外一条线路是周口店至琉璃河驮运路，从周口店起点，途经琉璃河镇的李庄村，主要运输周口店堆积如山的煤、灰，经过琉璃河水路运往保定、天津等地，那时，琉璃河车水马龙，直到周口店至琉璃河建成铁路，煤灰等物资转由铁路输运后，驮路运输方才衰退。

中日甲午战争后，清政府学习西方先进的修路技术，开始筑路。光绪二十三年（1897年），开始分段修筑京（北京）汉（口）铁路（光绪三十二年竣工）。期间，为运输煤灰资源，并从周口店山麓采石，在京汉铁路上又修了两条支路，其中，光绪二十二年（1896年）筑成、全长14.8公里的琉（璃河）周（口店）支线是琉璃河地区一条重要铁路。中华人民共和国成立后，陆续又修筑了京广线房山段。京广线房山段南北贯穿琉璃河，房山段共设4个站台，其中琉璃河有2个站台。

位于平各庄村西的琉璃河火车站，建于1898年，是房山区建火车站较早的地区之一。分为南北两个车站，北站称为琉璃河站，又称主车站，南站称为琉璃河南站。按性质分为客运、货运中间站，按等级分为三等站。站中心里程为京广线38公里+948米，北京端为窦店站，广州端为琉璃河南站，广州端周支线方向为石楼站。主站是办理客货运输业务的三等中间站，隶属北京铁

琉璃河火车站

路分局丰台车务段。占地面积为29.45万平方米。站内建有指挥行车的集中楼，设正线2股，列车到发线5股，集结线1股。南站为货运站，位于主站南2.7公里处，设有到发线4股，行车为双线自动闭塞方式。货场总面积为2970平方米，装卸线1股，全长373米，货物仓库2座，站台1座，露天货区1处，总面积为2091平方米。原有客运设施，设候车室1座，面积为241平方米，旅客站台2座，面积为2832平方米。有保定至北京南站普客和北京至石楼临时客车过站。2007年10月，琉璃河镇投资50万元完成了客运站建设工程。琉璃河客运站是107国道进京客运车辆的中转站，客运站占地面积为1公顷，配有办公用房、候车室等，客运站的建设进一步规范了107国道琉璃河段的交通秩序。

岫云古刹

古刹岫云观位于琉璃河洄城村琉璃河中学院内，明代创建，清代重修，是一座历史悠久、宏伟壮观的建筑，2003年被公布为第七批北京市文物保护单位。岫云观的前身为明嘉靖年间修的皇帝行宫（后改为恩惠寺，再后改为道观，即岫云观），明万历三十七年(1609年)重修。1900年，八国联军西出北京去保定，路过此地，将行宫烧毁。清宣统三年(1911年)，由太监李乐宾筹资重建，1916年竣工，并于当年闰二月初八开光，名为岫云观，庙宇规模仿白云观，并宗白云观道家礼，因岫云观中有宫廷太监居住，因此当地又俗称"老公庙"。

明皇的离宫

岫云观坐北朝南，占地面积约 300 平方米。戏楼、牌楼、钟鼓楼、碑楼均毁于 20 世纪 50 年代，现只存三进殿和五进殿。三进殿俗称皋殿，呈方形，面阔三间 15.43 米，进深三间 9.8 米，重檐庑殿顶，筒瓦调大脊，有吻兽，前檐为旋子彩画，屋内顶上有天花，方砖墁地，明间背后有垂花门可以通过。从垂花门穿过，为五进殿，殿为阁楼式宫殿，为两层楼阁，面阔五间 20.42 米，进深三间 10.28 米，前出廊。下为三清殿，挂檐板面浮雕有纹饰。屋内方砖墁地，井口天花。上为吕祖阁，庑殿顶筒瓦调大脊，有吻兽，殿内侧各有夹屋 3 间，面阔 7.25 米，进深 6.83 米，台基高 1.80 米，垂带踏跺。观内古建筑保存较好，是研究明代建筑工艺的实物资料。

良乡离宫

岫云观原本是一座皇帝行宫，又称良乡离宫，明嘉靖十八年（1539 年）建。那时，琉璃河经常发生水患，严重阻碍了南北交

岫云观

通，给朝廷出行、官员觐见朝贡以及百姓生活带来极大不便。明嘉靖年间修筑琉璃河石桥时，于大桥北端建良乡离宫。因明朝琉璃河隶属良乡县管辖，因而所建离宫自然就叫良乡离宫。当年，琉璃河镇为南北交通要道，是京城通往西南各地的必经之地，《良乡县志》载："嘉靖十八年（1539年）四月己亥，良乡离宫成。初地命于良乡琉璃河阳建离宫至是适成。庚戌，帝次良乡离宫。"离宫落成不久，嘉靖帝就曾驻跸。清代，将西陵建于北京西南百余里的河北易县太平峪山麓之中，继续供皇帝出巡驻跸使用。

良乡离宫原为五进三合布局，建筑宏伟，富丽堂皇。主宫殿为五进规制，西为御花园，东为侧院，后有菜园，离宫四周建有高大宫墙。宫墙外面为小广场，其南面有一座戏楼，北面是内宫门，在其左右各设三间执事房。进入内宫门有一座木牌楼，正面为三间大殿，左右对称各有五间配殿。其后又有正殿三间，两侧设有便门，通往后院。后院有一座凉亭，凉亭两侧有回廊，回廊东西两侧又各有三间配殿，顺着回廊向前走，有正殿，俗称皋殿。良乡离宫是京南唯一的明代行宫。为使离宫不受滋扰，良乡县曾于明万历三十六年（1608年）和三十七年（1609年），分别在此立告示碑，存有碑记。

离宫改名恩惠寺

明朝各地所设行宫，需要设置兵马绿营，以负日常守备和传递皇家信息之责。除支出众人俸禄，还要拨出修缮款项，巨额开支，使得朝廷难以应付。行宫供给也入不敷出。后不得不把离宫改为佛教寺院，取名叫恩惠寺。

行宫改寺院，需要增添设施。按照佛教寺院的规制，又在二进院落内的西侧建了鼓楼，东侧建了钟楼。各殿当中塑了佛像，以供佛门弟子及善男信女进香膜拜。寺中设有藏经阁，朝廷还为寺院颁发了经卷。

恩惠寺作为佛门圣地，沿用到清代并在光绪年间重修。据《良乡县志》（卷六）记载："恩惠寺，在燕谷店西石路旁，亦大刹也。正殿三层，殿之东厢洞房曲室，颇极幽胜。殿后有藏经阁，储经全部系明时内廷颁发。清光绪年间又经重修，金碧辉煌，较前尤为壮丽,每逢正月初九,游人毕集,士女如云,太平景象也。"当年的恩惠寺颇为壮观,此地作为南北交通之咽喉,善男信女进香膜拜,商贾过客赶庙云集,人流攒动,摩肩接踵,其景象热闹非凡。

八国联军的洗劫

清朝庚子年(1900年),八国联军侵入北京,进攻保定,途经琉璃河,侵略者将恩惠寺内及周围的珍贵文物洗劫一空,放火焚烧,整个寺院遭到严重破坏。

清宣统三年(1911年),由四品顶戴太监、四十八处都总管李乐宾,道号李崇祥(按北京白云观发号顺序排"崇"字)筹款重建。当时,李乐宾任修西陵都总管,重修寺观工程交给修西陵的带工阎子九负责。工程规模仿制北京白云观,1916年竣工,改佛寺为道观,命名为岫云观。按照白云观道家的礼节,岫云观里受的是方便戒,很自由,可以食肉,不忌烟酒,甚至可以结婚。

清末民初,末代皇帝溥仪被逐出紫禁城,宫廷里的太监随后也被逐出宫外,部分太监便沦落至此。曾住有李崇祥、赵绪坤、李绪友、高文明、赵贵清(为西太后打伞太监)、陈大脚、小魏子等太监。他们住在观内,自食其力。此宫廷道观分为上下两院,上院是周口店黄山店村宝金山内的古刹玉虚宫,当年为内监总管李莲英的别墅,观内住持常住上院。岫云观为下院,据当地人讲,当年岫云观共有香火地280亩,太监有私人田产约500亩。观中室内陈设多为皇宫里带出。庙内设账房,总管观内生活及收租事宜;有厨工、护院、长工、杂役等二三十人,养着十几条狗。观内常年施舍吕祖救苦丹,太监们经常为当地妇女看病、按摩。岫云观还办有一所义务学校,有十几名学生,免收学杂费。太监们饱食终日,深居简出。盛夏之季,骑驴、坐轿,前呼后拥去宝金山玉虚宫避暑,情景也十分气派。

1937年七七事变以后,日本侵略者占领琉璃河地区,所到之处,烧杀淫掠,无恶不作。日本侵略军来到岫云观,得知观内起居者为清廷太监,便对其羞辱,取笑为乐。中华人民共和国成立初期,岫云观中还住着5位太监,多体弱有病,无依无靠。1954年,国家政务院将高文明、小魏子两位太监安置于北京兴隆寺内。

1951年,良乡县人民政府为培养一批小学教师,将岫云观里的大殿改为教室,创办了一所初级师范学校,后改名为房山县琉璃河中学。2004年6月,市、区拨专款对岫云观进行修缮,此项目是"人文奥运文物保护计划"工程之一,被列入2004年市政府为群众办的56件实事之一,修缮面积为698平方米。重修一新的皋殿,巍峨壮观。

岫云观

永定河上金门闸

金门闸是治理永定河的重要水利工程，创建于清康熙四十年（1701年），原址在琉璃河镇窑上村南、韩营村北的永定河右岸堤段。此地原为老君堂村地界，对岸与今大兴区北章客隔河相望。今金门闸遗址，是清乾隆三年（1738年）移建到此。2003年12月11日被批准为北京市第七批文物保护单位。

浑河自古水患多

浑河是永定河的俗称，因其含沙量高得名。历史上还有无定河、卢沟河之称。说起琉璃河镇的历史，不能不提到永定河。永定河是海河流域北系的最大河流，为房山过境河，自官厅水库以下到大兴区的梁各庄为北京市管辖段，河长180公里，自古就是北京市重点防汛河道之一。自三家店出山后，到石景山完全进入平原，从卢沟桥进入房山境内，经长阳、葫芦垡、琉璃河，在金门闸处出房山境，入河北省涿州市。由于永定河上游支流众多，山坡植被差，水土流失严重，导致中下游严重淤积，加之上游坡险流急，来势汹涌，尤其一到雨季，浑水满河槽，水急、浪大，响声传出几里远，自古以来经常泛滥成灾，给沿岸地区造成严重灾难，是北方地区有名的"害河"。该河有四汛，即凌汛、麦汛、伏汛和秋汛。其中，永定河水量最大、危害最重的是由夏季暴雨所造成的伏汛，其洪峰流量经常在1000立方米/秒以上，最大可达1万立方米/秒以上，一次洪水的延时一般是3天左右，洪峰往往形成复峰，持续时间相当长，达10天左右，对两岸农村危害极大。据载，自元延祐元年（1314年）至1990年，近680年间，仅右岸长阳至葫芦垡、窑上段就发生较大灾害30次，小决口不计其数。其中，元代134年间决口漫溢17次，明代276

年间，决口漫溢29次，清代达到高峰，在268年间，决口漫溢78次，平均每4年左右就发生一次洪灾。永定河洪水危害的主要地区在中、下游，即从三家店出山后的广大平原地区。据载，明天启六年（1626年）洪水，良乡城洪水"势若江河，尸积遍野"；清康熙七年（1668年）洪水，良乡城"水入西门至县治，衙内外水深数尺，南关民房冲毁过半"；乾隆四十五年（1780年）七月二十二日、光绪十四年（1888年）七月十四日，"永定河决口，宛平、良乡等州县被灾"。1924年7月，永定河多处决口，良乡县70余村被淹，京汉铁路中断，大石河山洪成灾。1939年7月，大雨连日，永定河暴涨，水灌入良乡城。

为抵御永定河洪水灾难，从辽代开始注意治理永定河洪水，筑堤防洪，北宋霸州知州杨应洵曾于霸州疏浚河道，构筑堤防。金代以后，北京为历朝都城，永定河流经北京近郊，直接威胁着京师的安全。因此，从金中都建成后，为治理永定河洪灾，逐渐提出治水方略和工程措施，此后历代官府都曾对永定河进行治理，便有了永定河上的重要水利工程——金门闸。

康熙建闸

清代康熙、雍正、乾隆三朝都对永定河进行过大规模治理，治水方略和工程措施有重大发展。金门闸的创建与康熙时期的永定河治河方略密切相关。清世祖顺治九年（1652年），动工修筑石景山以南至卢沟桥决口堤岸，这是清代永定河治理的开端。大规模永定河治理工程，始于康熙年间。当时，明修筑的永定河堤防已不存在，下口淤积日甚，致永定河河道逐渐北移，永清、霸州、固安、文安等地时被水淹，甚至导致上游卢沟桥一带屡出决口险情，直接威胁到京师的安全。于是，康熙二十一年（1682年），工部尚书萨穆哈、顺天府尹熊一潇奉命修治上游石景山至卢沟桥一线堤防。康熙三十一年（1692年）四五月间，康熙帝命直隶巡抚郭世隆重新疏浚永清东永定河故道54里，使其下口畅通无阻，又筑固安至永清之北永定河故堤72里。

清初治水，采取"疏筑兼施"的策略。康熙三十七年（1698年），开始治理卢沟桥以下两岸堤防。命直隶巡抚于成龙，对上游自卢沟桥南良乡县老君堂村，下游至永清县朱家庄（今河北省永清县小朱庄）长达145里的永定河段进行全面统筹治理。疏浚全程河道，筑起两岸百里堤防，还在老君堂旧河口建竹络坝，使水并流东注。全部工程共用银3万余两，费时近一年才完成。堤修成后，康熙皇帝亲临河道视察，并给浑河赐名"永定河"。

康熙三十八年（1699年），永定河下口的郎城河淤平，郭家务以下河道则淤高六七尺，以至上游河水壅塞，灾害四起，因此把治沙列为治河重点。康熙帝于是年十月、翌年二月两次考察永定河情况时，亲临良乡老君堂旧河口处巡阅竹络坝，意识到永定河水患皆由沙淤所致。康熙一改传统清淤治沙的方法，提出在旧河口处引牤牛河清水入永定河，以清水攻永定河沙的构想，由被动人工清淤改为以水主动攻沙，一方面筑堤束水，增加河水流速，以自身河水攻沙，另一方面把牤牛河清水引入永定河，以外来清水攻沙，名曰以清刷浑。康熙帝亲授方略，命直隶巡抚李光地于郭家务以下旧河右岸借低洼地势另挑新河，以旧河南北堤及淤高河身为北堤，另筑南堤。北岸朱家庄以下筑新堤15里，南岸郭家务以下筑新堤10里。北岸自张庙场至柳岔口堤尾，堤防总长165里，南岸自高店堤至柳岔口堤尾，堤防总长167里。

康熙四十年（1701年）三月，自老君堂东南将牤牛河堵塞，在牤牛河与永定河之间，斜向竹络坝北挑引河一道，长5里，名小清河，将牤牛河清水逼入永定河，以实施康熙帝借清刷浑方略。为控制水流，在竹络坝北的小清河入口处的永定河堤岸间建草坝一座，口门宽2丈，名为金门闸。该闸于四月八日竣工，开闸放水，入永定河。金门闸虽然规模不大，但它及配套工程小清河，却是康熙时期永定河清淤排沙的关键性水利工程，也是当年永定河防治工程体系的重要组成部分。

康熙四十六年（1707年），齐苏勒将金门闸改建成石闸，使永定河水大时则闭，防"浑水"倒灌；水小时则开，引牤牛河清水入永定河攻沙。改建后的金门闸宽2丈，入深1.2丈，两金刚墙高8尺，南北护以埽坝，各长5丈，宽1丈，高6尺，闸河旁还铸有一只镇河铁狗。此段堤防，就是人们后来常说的铁狗堤。当初建金门闸是为了引牤牛河之水，借清刷浑，以加深河槽，后河槽逐年淤积而高于牤牛河，致清水不能复入，闸遂废。

永定河含沙量大，为防止河水漫溢，就要加高堤防，但过不了几年,河道又淤高。为此,只好修缮闸坝。雍正二年(1724年),修缮金门闸。在金门闸旧埽下增新埽二道,闸东增筑鸡嘴坝一道,围长21丈,尾宽6.5丈,鸡嘴坝东护崖,下近水埽二道。金门闸下溜接旧埽下,增下顺水埽二道,各长1丈。配合金门闸修缮,于闸侧筑新河堤190丈,顶宽2丈,底宽5丈,高6尺至1丈不等。修缮旧大堤一段,长450丈,加高六七尺不等,顶宽2丈,底宽5丈,这是金门闸创建和改建后的第一次修缮。

乾隆修葺

金门闸的创建,在治理永定河水患上起到了非常重要的作用。康熙时期所采取的疏浚河道、修筑堤防、以水攻沙等治河方略,在当时确实取得巨大成效,自康熙三十九年(1700年)至雍正末年的30年间,永定河基本上无大水患。但由于大量泥沙顺流出永定河下口,因淀池宽广,水流放慢,长期泥沙沉积,又造成河道淤淀受阻,下游河道亦淤,加之永清郭家务以下堤岸狭窄,下游河段决口事件又时有发生。因此。康熙时未能从根本上解决永定河的沙淤问题。康熙四十一年(1702年),三圣口决口;四十八年(1709年),王虎庄决口;五十六年(1717年)、六十一年(1722年),贺尧营两次决口。雍正四年(1726年),泥沙淤积以致断绝了永定河的去路。到了乾隆初年,永定河淤势继续蔓延，石景山至卢沟桥河段，河底淤积，浮高筑，使得卢沟桥底淤达8尺之高。南岸头工以下河道（今房山区大宁村至下场村）、二工（今房山区佛满村至河北涿州市南蔡村）浮涌起，暴水骤至，四处泛滥，又给引水排沙设施和沿河两岸造成严重危害。

乾隆二年（1737年）六月，永定河伏汛，洪水暴涨，漫过卢沟桥面，越过堤岸，洪水冲决石景山土堤一处，又漫过南岸金门闸铁狗堤等8处，北岸张客（今大兴区北章客）等22处堤防，全河漫水决堤达40余处。河水由宛平、良乡、涿州、固安、永清、东安、武清等地弥漫而下，流归凤河。南岸决堤被大水冲垮，小清河也被泥沙淤平，引水排沙设施被洪水彻底毁废。北京及永定河沿岸流域的畿辅州县，面临着空前严峻的水患危害。

围绕筑坝与否，清朝中大臣意见不一，也曾展开过激烈的论争。协办吏部尚书事务顾宗，曾提出效仿黄河治理方法，于永定河两岸筑十里遥堤的主张，任其游荡，迁徙自流，以求不治而治。该主张被总理事务王大臣九卿议奏搁置。大学士鄂尔泰受命前往考察，认为"永定河水性水势，俱非黄河可比，十里遥堤之议，万不可行"。正当鄂尔泰正确的治河主张实施的时候，吏部尚书孙嘉淦改授直隶总督，与兵部尚书协办户部尚书果毅具奏乾隆帝"永定河冲决之患，实因筑堤而起，以收永远之利济"。乾隆帝采纳了孙嘉淦的主张，因此也成为一次严重失误，后来孙嘉淦也因此失掉了直隶总督的官职。

乾隆二年（1737年）七八月份，乾隆皇帝先后派员前往沿岸勘察灾情，大学士鄂尔泰提出改导下口，在上游两岸筑建闸坝，开出引河，减水分流，再自下而上疏浚河道淤积的主张，并借鉴康熙以清刷浑的排沙对策，建议将引河下游导入清河，以除淤。鄂尔泰的主张随即被朝廷采纳。乾隆三年（1738年），在永定河右岸建良乡金门闸坝、永清郭家务闸坝。金门闸以康熙三十七年（1698年）以前永定河通向牤牛河的旁支故道下接牤牛河为引河，郭家务坝以雍正四年（1726年）以前郭家务以下的永定河故道为引河。再建的金门闸移至今窑上村南、韩营村北。乾隆三年（1738年）所建的金门闸改为减水石坝，与康熙年间的金门闸的功能完全不同。原来的金门闸是引水闸，用于节制小清河所引牤牛河排清水进永定河，而再建的金门闸是排水闸，用于永定河上游的分洪减水，但仍袭用康熙时金门闸名称。

乾隆六年（1741年），因金门闸滚水石坝坝身过高，常汛不能泄水，直隶总督高斌上疏，建议以永定河冰窖至筒子门一线改为下口尾闾正道，疏浚河槽，将中间18丈下落1.5丈。这样，常汛可以从下落处减泄，盛涨全坝漫泄。工程于次年竣工，又于双营、胡林、小惠庄添筑三合土滚水坝3座，以备宣泄汛期盛涨之水。

乾隆三十四年（1769年），金门闸落低处进深1.2丈，直隶总督杨廷璋，补平如旧，添建尖脊石龙骨56丈，高2.5尺，次年竣工。乾隆三十七年（1772年），大规模治理永定河，命大学士高晋、工部尚书裘曰修会同直隶总督周元理，治理永定河。于贺尧营东条河南挑下口，经毛家营、家店，会凤河，过双口，入大清河达津归海。同时，加培大堤，疏浚永定河道，南岸筑月堤，三角淀培南北埝，疏凤河，培东堤斜埝，修缮金门闸，粘补坝台雁翅、灰土簸箕。疏浚金门闸分泄引河牤牛河及下游黄家河。同年春天，乾隆帝亲临永定河巡视，驻跸良乡县黄新庄行宫，谒西陵归途，到永定河下口条河头巡视全河形势。此番治理，是以明确的方略为指导，即"疏中泓，挑下口，以畅其势。坚固两岸堤防，以防其冲突。深浚减河，以分其盛势"。这一治河方略，被河臣勒于《永定河事宜碑》，立于金门闸堤头，以示后人，成为此后清历代永定河治理的方略。乾隆三十八年（1773年）三月初，乾隆帝再次巡视永定河，面谕直隶总督周元理，在金门闸上建挑水坝，使水势迂回过闸，并在两岸大堤帮内多种卧柳，以防冲刷。六月，乾隆帝又谕直隶总督周元理，在金门闸过水之处，即为挑浚，务使积淤尽涤，水流畅行，以资宣泄。第二年，河工遵旨修金门闸，添筑挑水草坝一座，长10丈。工程结束，在金门闸南坝台上竖立《金门闸碑》，碑上记述了金门闸形制及乾隆三年（1738年）以来的修筑工事。乾隆帝来金门闸巡视时，曾作五言长诗《堤柳》，陈植柳御堤之策。作《阅金门闸作》诗，记述金门闸添建挑水坝之工程。后将《御制诗碑》立于金门闸坝台上。

乾隆以后的嘉庆、道光、咸丰、同治、光绪各代，基本上沿袭乾隆时期的做法，将金门闸作为永定河治理的一个分洪减水工程。嘉庆二年（1797年）伏汛冲决金门闸龙骨20余丈，挑水草坝被毁，之后进行修筑。

嘉庆十五年（1810年）七月初九，永定河两岸同时漫口，金门闸迎水下雁翅被冲垮，闸口泄水过大，筑埝堵闭。至道光初年，金门闸口河低淤高，年久失修，闸墙、雁翅、龙骨、海墁、簸箕，残坏严重，久筑拦埝，已滴水不能宣泄。

道光三年（1823年）九月，道光皇帝在良乡县黄新庄行宫询问永定河防治情况时，命永定河道张泰运督率各员勘估。根据勘估结果，张文浩于十一月上疏，奏陈金门闸详情及大修金门闸、疏浚减河的计划方案。于是谕令修金门闸，疏减河。道光四年（1824年）春，动工拆修金门闸，这是乾隆以后金门闸第一次大修。勒碑记修闸事，立于金门闸侧。道光十年（1830年），河底淤高，闭金门闸。道光十一年（1831年）重修。

同治五年（1866年），河底继续淤高，再度筑埝堵塞金门闸口。此后历年，虽连年遭到漫口之患，而金门闸一直堵闭，闸坝废而不治。同治十一年（1872年），直隶总督李鸿章重修，五月底竣工，这是金门闸第二次大修。同时，建碑亭于闸侧，以记修筑之事。

自康熙四年（1665年）以来，金门闸一直是横在永定河上的一道石坝，以坝位高低来控制水量。建闸之初，金门闸作为引牤牛河清水入永定河刷浑的进水闸口，以坝控水。乾隆三年（1738年），金门闸改建为分洪泄水的减水闸，石坝控水的局限性就日益凸显。河员采用拆、筑龙骨的方法调节泄水，宣泄不利就拆卸龙骨，降低坝位，宣泄过盛则增筑龙骨，提升坝位。永定河淤积严重，河底淤高，坝位淤低，再升龙骨，如此恶性循环，以至废弃不用。由于金门闸无闸涵，筑坝横于闸口，洪水泄出闸口时，闸体承受着巨大的冲击，很容易损坏。所以建闸以来每30年一大修，数年一小修，影响了金门闸功能的发挥。

宣统元年（1909年），清廷大修金门闸，永定河道吕佩芬请永定河的工程设计师张黼廷将坝改为闸。重建的金门闸，各涵之间设闸板，可以任意启闭，控制泄水。在闸板上铺设桥面，上铺黄土，可供行人来往。二月初动工，五月末完工。宣统时期的金门闸，完全是按照科学的闸涵构造原理设计的，这在永定河水利工程史上具有突出地位。改建后的金门闸使用多年，一直保存至今。其间，1937年改建南二涵为铁闸板。

金门闸是我国古代涵闸建筑史上的一个典范，反映了清代对永定河的治理状况和建筑科学技术及水利工程的进步，是永定河上继卢沟桥之后留下的珍贵建筑文物。

金门闸

逸闻战事

历史上的琉璃河，发生的大大小小的战事不知有多少，有记载并能流传下来的一些战事至今仍为人们津津乐道，更有一些为人民群众解放而战的事迹，让人们永远怀念。

义和团立坛

1899年,义和团扩展至京郊。良乡县以及房山县平原村庄纷纷立坛,参加者多为无地少地农民或小手工业者。据口碑资料,较著名者有琉璃河、长沟、大小十三里、肖庄、元武屯、窦店、饶乐府等村,各村皆设坛口,掌坛人称大师兄、二师兄和三师兄。琉璃河镇街内设坛,烧纸焚香,赤膊练拳耍刀,口中念念有词,高喊扶清灭洋,群情汹汹。各州县义和团汇聚,沿铁路向琉璃河、良乡、长辛店、卢沟桥方向发展。1900年4月29日,义和团二三万人自房山入涿州,占涿州城。连日,拆毁琉璃河至高碑店的铁路及琉璃河、丰台等处车站、桥梁。五月初三,慈禧谕军机大臣等:拳匪滋事,琉璃河至长辛店一带车站局厂,均被焚毁,亟应惩前毖后,认真弹压。五月初十又谕:著刚毅严切查明,"并著严拿首要,即行就地正法,以昭炯戒。"后拳民销声匿迹。

三系军阀大战琉璃河

第一次世界大战期间,皖系首领、北洋军阀政府总理段祺瑞以参战为名，向日本大量借款，扩充皖系军队，排挤直系军阀，同美、英帝国主义支持的直系军阀曹锟、吴佩孚及奉系军阀张作霖的利益发生冲突。1920年7月14日直、奉两系军阀联合对皖系军阀发动战争。战事发生在北京周围的琉璃河、杨村、涿县、高碑店地区。18日，皖军败退琉璃河，段祺瑞向直系求和，并通电辞职。自此结束皖系军阀的统治，直、奉军阀控制北京中央政权。《良乡县志》载前人《琉璃河战后偶成》诗两首，其一：意气相争各不平，畿南百里起连营。军书傍午飞驰急，炮火通宵胜负明。十室九空嗟避乱，三年两次概遭兵。至今凭吊琉璃水，仿佛犹闻战角声。其二：莽莽乾坤失太和，神州空有旧山河。人怀往日推恩主，谁扫中原混世魔。忍使群黎齐破产，那堪同室屡操戈。民心厌乱如斯极，未卜苍天意若何。

马福祥病逝之地

马福祥(1876—1932)，清末民初将领。字云亭，回族，甘肃人河州（今临夏）人。历任西宁镇总兵兼阿尔泰护军使、甘肃新军第二标标统、西宁镇总兵兼西宁办事处长官、宁夏镇总兵、为宁夏护军使等。1927年南京国民政府成立后，历任军事委员会委员、黄河水利委员会副委员长、青岛特别市市长、国民政府委员、安徽省主席等职。马福祥在北平及甘、宁、青等地兴办回

马福祥像

民学校60余所,组织完成伊斯兰教汉文译著30余种。喜书法,善文辞,在兴办教育方面多有建树,办了许多实事,使他成为现代西北回族中颇有影响的历史人物,先后主持编撰了《朔方道志》《蒙疆纪要》《蒙疆状况》《青岛工潮经略》《训诫子侄书》等多种著述。1932年2月,因心脏病辞去蒙藏委员会委员长职务,到天津休养。5月,马福祥得知其子马鸿逵因督战不力,引起蒋介石不满,马福祥救子心切,抱病赴汉口面见蒋介石说情,身染时疾,旧病复发,后遵医嘱转北平协和医院治疗,途中清醒时对左右说,行将西北公学移入甘宁青矣,家中花园可允校舍,家中书籍,可捐献给学校,准备建立图书馆之用。同年8月19日车至房山琉璃河车站时,忽然痰喘交加,不治去世,终年57岁,翌日葬于北平阜成门外三里河。马福祥是一位国民党军政要员。去世后,国民党军政界对此均表哀悼,治丧时,蒋介石发来《祭马云亭先生文》,并亲自题写《云亭老先生象赞》碑:"云亭老先生象赞,马伏波老而益壮,曹武惠生不矜功,岂惟关陇之杰,实敷党国之忠。胡昊天之不憖而遽夺夫,令公吁嗟乎!缅兹遗容,不知陨涕之何从。蒋中正敬题。"北京石刻艺术馆于1992年征集到这块碑刻。另外,戴季陶发来《挽马云亭先生诗》,军政要员、社会各界和全国各地穆斯林群众纷纷以各种方式致哀,称"马公云亭是吾教先进""马公云亭是边陲的关心者""追悼马公云亭要努力和倭奴奋斗"……

孙连仲抗战

孙连仲(1893—1990)，汉族，字仿鲁，原名孙席儒，河北雄县龙湾村人，中华民国国民革命军陆军二级上将，抗日名将。在1934年举行的中国国民党"五大"上，孙连仲当选为中央监察委员。"西安事变"后，孙连仲部驻河南信阳、确山一带。1937年"七七事变"后，日军向我国东北和华北地区进行侵略。7月12日，国民革命军第26军总指挥孙连仲接到命令，北上参加抗日。日军暗中调兵遣将，蓄积力量，并于7月25日起向我部廊坊

孙连仲像

守军发起进攻，孙连仲对日军的侵略义愤填膺，情难自已。到了26、27两日，日军又包围北平四郊，向我部发起了全面总攻。28日，孙连仲接到命令，立即率部向永定河推进，增援北平。当部队到达琉璃河时，第29军宋哲元部已经撤出北京，正沿门头沟、长辛店一线向西南方向撤退。此时，长辛店、良乡先后失陷。因此，孙连仲部第27师只得在琉璃河停下，占领阵地，掩护宋部第29

军撤退。这时，第26军与日军隔河对峙，形势十分紧急。孙连仲调整部署，命第27师冯安邦部坚守琉璃河。孙部全军乘平汉路火车北上，行进途中，曾接到宋哲元电报要孙暂缓前进，将部队停于安阳，以免刺激日军，孙连仲获批准后挥师到保定。当时整个华北战场形势空前严峻，蒋介石命孙连仲为第二集团军副总司令（总司令刘峙）兼第一军团司令。8月10日，孙部与日军河边旅团在良乡西南之窦店对峙。15日起，战斗日趋激烈，孙将全部兵力投入，迭予日军重创。由于敌军炮火猛烈，孙部阵地被摧毁，不得已乃行后退。8月下旬，转进至码头镇和房山琉璃河一线。敌指挥官板垣征四郎指挥三个师团向平汉线进攻。8月24日，孙部重新布置作战部署：第27师担任码头镇经琉璃河至房山城之防线；第31师担任房山城经平顶山到朝阳洞以南之防线；第30师在涿州待命；独立第44旅负责守护涿州至徐水之间平汉路之桥梁。时日军已占南口，9月15日，固安失守，孙连仲率部由琉璃河转进，在涿县与敌激战。嗣以关麟征、万福麟等部战败南退，孙部在涿县处突出地位。日军正面进攻多次没有得逞后，采用从左翼迂回包围战术，孙部池峰城师在坨里附近南大寨山区被敌突破。孙部被迫转进冀西南，保定失守。到10月，孙部奉命参加了娘子关战役、台儿庄战役等，在娘子关战役中担负总预备队任务，在台儿庄战役中，孙部武器虽劣，但官兵勇于作战，大刀发挥了很大威力。期间，第26军孙连仲部在房山、良乡、琉璃河地区与武器精良的侵华日军鏖战近50天，在中国抗战史上留下了英勇悲壮的一页。

独立营河堤保卫战

1946年6月,永定河水突然暴涨,滚滚的洪水时刻威胁着沿堤居民的生命和财产安全,万里村的群众都自发地到堤岸护堤防险。一日,有4个队、1000多人的还乡团到永定河大堤,趁机抢劫老百姓。驻扎在窑上的八路军独立营得到消息后,立刻赶到万里村阻击敌人。还乡团先来一步,占据了有利地形,人多,独立营只有七八十人,兵力悬殊。八路军兵分三路,派到肖场、万里村20多人,大堤上安排18个人。18位战士任务十分艰巨,后面是波涛汹涌的洪水,前面是正在护堤的百姓,既要打击敌人,又要保护百姓,形势紧迫,刻不容缓。为了不使百姓受到袭击,战士们没有与敌人正面交火,而是在防守中打击敌人。战斗持续了两三个小时,驻扎在涿县常城的八路军主力部队七十五团的一个营赶来支援,最后,把敌人赶出了万里村。保卫大堤的18位战士,有8位负伤,其中中队长张振江、分队长王汉春、机枪射击手李兴斗等6位同志光荣牺牲,遗体被安葬在河东的大辛庄。

民俗民风

　　琉璃河地处平原，村民以农业为主，因自古河流众多，民风民俗中河文化元素浓厚，表达了人民群众对河的复杂感情。昔日清澈甘甜的河水，是琉璃河两岸人民的生命之源，哺育了一代又一代的琉璃河人民。同时，琉璃河水也给两岸人民带来过巨大的灾难，广大村民与洪水进行了长期斗争。

村落的形成

琉璃河，顾名思义，因河而名。看似简单的村名，其背后却寓意了琉璃河两岸人民融合、开放的性格。勤劳智慧的人民在这片河水丰沛、植被茂盛的宽阔平原，栖息、生活，逐渐形成一个个自然村落，代代相传，生生不息。

以方位、地形等自然环境的特点命村名。万里村，明代成村，因永定河原来流经村西，且形成一段弯曲河道，将村包围，故该村原名"湾里"，清乾隆年间谐音改今名。南洛村，元以前成村，最初叫洛村，后来因其北边形成新村落，即明代成村的北洛村，于是以方位分别称南洛、北洛村。南洛、北洛两村均在地势低洼处，农田十年有九涝。1939年发大水时，两村农田被淹，很多民房倒塌，两村是房山水患最重的2个村，当地方言将"涝"字说成"洛"，故称南洛、北洛村。黄土坡村，明末清初成村，因村内有黄土岗，故名。洄城村，元代已成村，因大石河回绕其北、西、南三面，故称洄城村。

以房屋的特征、间数命村名。五间房村，清末（一说在民国年间）成村，因最初这里曾修盖五间房，故名。八间房村，清后期成村，村名来历与五间房相似，嘉庆六年（1801年）小清河洪水泛滥，冲毁涿县刘国子村所辖的义和庄，后有八户村民北迁

琉璃河各村一角

至此，重建家园，因最初只有八间房舍，村名由此。

以传说故事命村名。董家林村，明代万历时，有董林城之名，后一度称等驾林，一种说法是：宏恩寺（弘恩寺）为良乡县第一大寺，据传康熙曾巡幸至此，村外有一密林，迎驾官卒僧人等常于林中恭候，故名，后移为村名，渐演化为董家林；另一种说法是：因有董姓人家的坟地在村里而得名。房山的第一个村民委员会就是在 1983 年 3 月通过选举产生的董家林村民委员会。

韩营坐腔戏

所谓坐腔戏，即演员围着桌子，沏上茶，坐在板凳上边奏乐边演唱的戏。它不要求人数、场地、舞台、戏装、勾画脸谱和表演动作，只按剧目角色依次坐于台中，唱腔、念白应有尽有，只有唱和奏，简而易行，是我国各种戏剧发展最原始的种子戏。

琉璃河镇韩营村坐腔戏起于1939年。当年，永定河泛滥，西岸南蔡（今涿州市）段决堤，威胁着周围众多百姓人身和财产的安全，经当地村民冒死抢救，用半个月时间把决口堵上，避免了更大灾祸。直隶省政府为给民众庆功，在金门闸搭戏台，邀请天津、保定的两个梆子剧团，唱了6天戏。韩营村在金门闸附近，男女老少更是不分昼夜地蜂拥看戏，感到新鲜。事后，一些青壮年哪怕在农忙时，嘴里还不时哼戏腔，日子虽然穷，对生活的热爱却是浓厚，从心底里想唱戏。

1940年冬，韩营村村主任唐怀找到经常在外奔走谋生（卖酸枣、甜杏干）的武顺，让他请个人到村里教村民唱戏，办戏班，武顺高兴地接受了委托。不久，武顺在办山货途中，碰上一家办喜事，门前围着一班吹打弹唱的人，其中一人名叫李华春，是戏班教师，因他排行老四，打鼓闻名，人送艺名"快鼓李四"。武顺向李华春恳求，请他去传授戏艺。李华春看武顺朴实忠厚，便

韩营文化活动

爽快答应。李华春根据韩营村情况,决定办坐腔戏班,教唱河北梆子。自此,韩营村的坐腔戏班创建。唐怀任总管,武顺任箱头(掌握财务和物器),李春华任教师。参练演员有唐怀、武顺、孟贵、唐云等10多人,他们既当角色又操乐器。村民自发捐钱献物,白手起家,学戏热情高涨。戏班建起后,李华春规定每天晚上以堂鼓为号,头通鼓召集,二通鼓集合,三通鼓开始排练。在教练过程中,李华春教乐器是手把手,教唱腔是口递口,耐心细致,反复导演。经过一冬苦心经营,韩营村坐腔戏的第一出戏《三疑记》瓜熟蒂落,于大年三十晚上与乡亲们见面。街当中挂起两盏汽灯,演员坐在桌子四周,鼓乐喧天,村民兴高采烈地观看,叫好声不断。

经过李华春两三年的刻苦教练,演员掌握了戏剧常识,演艺普遍提高。后李华春受涿州码头村剧团之请离开韩营坐腔戏班,临走前把在北京广德楼戏园的师弟许文章邀来,继续向韩营村坐腔戏班传艺。许文章也是技艺精绝、教练娴熟,韩营村坐腔戏如虎添翼,演唱的戏目达30余种,如《杀子报》《双官诰》《汾河湾》等。为丰富村民文化娱乐生活,每年正月十五前都义演献唱。平时,村里有红、白喜事,只要事主打招呼,都不讲代价演出。从此,韩营村坐腔戏的声誉名扬乡里。在韩营村戏班的影响下,交道村、务滋村的戏团,涿州的北蔡村、长安城等村的戏团也相继发展起来。在当时的条件下,对河北梆子这一艺术曲种起到了继承和发扬光大的作用。

民谣拾趣

中华人民共和国成立前,百姓饱受压迫、侵略、战乱、天灾等苦难,老百姓在饥寒交迫地熬日子。一些在当时百姓中广为流传的民谣,形象地反映了当时的生活状况,反映了永定河畔劳苦大众的一些遭遇和感受,有对旧社会的控诉、无奈、仇恨,也有对新生活的祈盼、讴歌和憧憬,更有为国家、为人民而无私奉献的英雄之歌。虽民谣随时间流逝,已逐渐被人们忘却,但今天读起来仍让我们真切地了解那段历史,细细品味,倍加珍惜今天的幸福生活。(以下民谣标题均为作者所加。)

三件宝

窑上街,三件宝,

盐碱、沙荒、芦苇草。

蚊子叮,蛇蚤咬,

晚上睡觉蛤蟆吵。

冬春一到熬盐碱,

十亩收个大棒子。

你说糟糕不糟糕,

你说难熬不难熬。

这是群众对过去窑上村和韩营村一带生活状况的描述。窑上地区在北京西南,地处永定河和小清河之间的狭长地带。地势低洼,有"十年九涝"之说,1924年、1939年两次大水,使当地百姓深受其害。洪水退后,遍地是盐碱、沙荒、芦苇草,白花花一片,成为不毛之地。战乱年代,老百姓以给地主种地、冬烧碱春熬盐为生,生活艰苦。

大血口

金门闸,大血口。

吃的是庄稼,吐的是沙丘。

吸干穷人血,嚼碎穷人骨。

金门闸本为防洪治水患而修建,也收到一定效果。但在中华人民共和国成立前，历代统治者很难为老百姓着想，即使修了一些工程，也有不少贪官污吏借治河发财，或将朝廷拨款纳入私囊，或偷工减料，应付差事，更有甚者，每年的岁修费用，也不能保证。一遇河水上涨，便从从金门闸放水，以求不发大水。金门闸附近的村庄饱受洪灾，墙倒屋塌，大树连根拔起。时间一长，有些土地变为河道，有些变为沙丘，穷人要活命就得租地种，或去扛长活。

流泪河

流泪河，难处多。

洪水来，把房没。

没吃喝，要饭多。

抬大筐的把腰折。

琉璃河的二街村位于大石河畔，水运方便，码头繁忙，土壤肥沃。但成也"河"，败也"河"，洪水常给村民带来灾难。民谣形象地把大石河喻为流泪河，使村民流离失所。

箭杆肚

弯锄钩、亮锄板，

箭杆肚子，吃不点儿，

干了一天给一个子儿。

杂货饭

饿死不给焦家扛活,

棒子面,大粗罗,

老咸菜,像房柁。

要想吃碗连汤饭,

绳子、鼠屎比豆多。

抗日战争期间,在窑上、万里、官庄一带有很多给地主打工的农民。民谣《箭杆肚》在官庄一带的长工中流传。当时官庄一带有一个大地主叫许言午,雇用农民做工的标准是:吃得少、干得多、工钱低。

民谣《杂货饭》流传在窑上、万里村,焦姓地主把饭菜故意做得很脏,让做工农民吃得少。歌谣揭露了地主的吝啬。

要革命

民国廿六年,华北起狼烟,

卢沟桥炮声响连天。

天不怨,地不怨,

只怨"九一八"这一天,

日本鬼子侵占了东三省。

宣统回奉天,

汉奸做了官,

加上无数的苛税杂捐,

高丽人到处开"白面馆",

强迫百姓种大烟。

中国怎么办？我们要革命！

七七事变后,日军侵占了窑上。同年,五间房村陈东来等人组织地方武装,进行抗日活动,当地人称他们为"老便"。1943年春,中共地下工作者郝永庆等人深入窑上地区,在青年和孩子们中教唱"探清水词调",表达了人民痛恨日伪反动派,拯救中华民族的心声,激励人民干革命。

盼解放

日本鬼子真糟糕,

为挡八路挖战壕。

你挖土,我来挑,

累弯腰,压破肩,

挖出一条毁民壕。

谁爱挖这毁民壕！

保长抓我怎么逃！

为啥遭受这般苦,

全因国民党南逃。

我看壕沟是白挖。

八路军,神通大,

天井地井都不怕。

只盼共产党快点到,

带我们一起求解放。

为截断山区抗日根据地与平原地区的联系，从1939年起，日军在其占领区内强征大量"民夫"，沿房山、涞水一带山区和平原交界处，分段修筑壕沟，日军称之为"惠民壕"。窑上地区有近千人被赶到周口店地段挖壕沟，年老年少、体弱多病者也不例外。民夫在工地上除受冻挨饿和遭受拳打脚踢外，还动辄遭受酷刑，如被吊起来，灌辣椒面、煤油，用刀刺等。当时流传的歌谣很多，均反映了广大群众对日本帝国主义的仇恨和盼望八路军早日到来的心情。

盼亲人

永定河水归大海，
穷人盼望亲人来。
千只绵羊靠头羊，
穷哥们靠着共产党。

抗日战争时期，苦难深重的永定河人民，在苦海中挣扎，他们日夜盼望着共产党的到来，领导他们翻身解放。

齐抗日

战斗生产，战斗生产，
永定河畔的人民越打越勇敢。
生产，就拿锄头，

战斗，就拿枪杆。

白天在田野生产，

黑夜在地下苦干。

你在村东挖，

我在村西铲。

为了早日接通地道，

你挖我运，

你追我赶。

只要打垮侵略者，

不怕流血不怕累。

1943年春，中国共产党派来地下工作队，在永定河一带开展抗日救亡运动，建立党组织，发展党员。这一年，日军疯狂"扫荡"，残酷镇压人民。为巧妙灵活地打击敌人，壮大和发展革命势力，永定河畔的群众在涿良宛联合县县长李景森和一区区委书记张晋龄的领导下，白天坚持生产，黑夜挖地道。歌谣反映了他们紧张而有序的生活，充满了革命乐观主义精神。

保家乡

我们区小队，本是当地人，

奉上级命令，住在鲍庄村。

鲍庄村出了坏人……

小队不声张，悄悄到肖场。

> 俘虏白脖子一大帮,
> 让他们小命见阎王,
> 哎嘿哟,让他们小命见阎王!

1945年8月日本投降后,国民党反动派妄想侵吞抗战胜利果实,为占领和巩固平南三角地带(从永定河到京汉线的中间地带),建立了地主武装(还乡团、白脖子队、讨伐队),对八路军和农会干部疯狂搜捕、屠杀。琉璃河地区的人民群众在中国共产党领导下,迅速组织起地方武装,出其不意地打击敌人。当时鲍庄村有个大地主,为日伪时期保长。肖场村筑有炮楼,住着两个班的白脖子。

忆英雄

> 提起四八年,
> 让人泪涟涟。
> 腊月三十这一天,
> 地道被砸坍,
> 英雄牺牲河东边。

1945年8月抗日战争结束后,国民党反动派疯狂地掠夺胜利果实,抢占军事要地,永定河畔是敌我双方争夺最激烈的地带之一。1947年到1948年,国民党反动气焰十分嚣张,三天两头进村清剿,并杀害农会干部、袭击地下工作人员,对解放区反扑。

1948年春节,因叛徒告密,涿良宛县一区区委书记、武工队政委张晋龄被捕,不久即被杀害。张晋龄长期生活战斗在永定河畔,尤其在琉璃河地区的窑上、官庄、鲍庄等地坚持斗争,深受人民爱戴。一曲小调儿表达了永定河畔广大群众对他的怀念和敬佩。

唱新生

鱼米乡,花果乡,
芦苇起舞稻翻浪。
条条水渠翻银带,
你歌我唱丰收忙。

中华人民共和国成立后,琉璃河地区发生了翻天覆地的变化,洪水被击退,粮园添沃土,农民生产热情高,广阔平原焕发新生。此歌谣唱出了人民群众的幸福生活。

著名传说

镇桥梁

当年,建造琉璃河石桥的工程十分艰巨,石桥还没修完,明朝工部尚书甘为霖因病辞去官职。后嘉靖二十四年(1545年)十一月癸酉,明世宗又命工部侍郎杨麒,内官监太监陈准、袁亨等督修石桥。3人共同监管,各尽其职。当要垒拱形桥墩时,又出现了难题:每块大条石都在千斤以上,怎样弄到桥上去?看着大堆的石料在一边摆着,杨麒和两位太监很是着急,眼看汛期又快到了,桃花水一下来,工程就要耽误重开工。无奈之下,他们张榜悬赏,只要把建桥的巨石弄上去,必有重赏。几天后,真有一个其貌不扬的小伙子揭了榜,当3位督官听了他的办法后,都恍然大悟。原来,小伙子是种菜的农民,每次给菜浇水时,他把河水引到吊杆下的一口浅井里,用吊杆打水浇菜。一根长立柱,上头拴一个长杆子,杆子的一头绑一块石头,人不用多大力,就能把盛满水的大柳罐提起。这个办法用在吊巨石上,完全可以,难题解决了。后来绑大吊杆的立桩木,因桥的高度逐渐增高,三四丈高的立木换成了铁吊杆立柱。铁桩立在大桥北端西侧,人站在桥上就能摸到，称其为"镇桥梁"，人们认为此物为石桥的圣物（吉祥物），能镇水怪，石桥也由此永固了，该铁桩在1958年被割断大截，用吊车运走了。

铁帽将军

建造琉璃河石桥时，需要解决很多技术难题，当地流传着一个"铁帽将军"堵泉眼的故事。一天，石匠们正在琉璃河上筑坝，清挖桥基，以将上游来的水拦住，让水从西往北再往东流，流入下游河道。桥要牢固，桥基要深和实。挖桥基时，石匠们遇到一个难题，河中有一大泉眼，河流湍急，汹涌澎湃，直泻向基坑，怎么也堵不住。急得石匠们抓耳挠腮，甘为霖知道后，更是心急如焚。这时，一个石匠说，听说有一个壮士，架桥技术高超，很是神奇，说不定他有办法。甘为霖赶紧叫人请来这个壮士。只见他皮肤黝黑，身材高大魁梧，他说："堵泉眼可以，给我拿来一大铁锅。"修桥要铁锅干吗？不管怎样，先把铁锅拿来，看他怎么堵住泉眼。于是，甘为霖派人拿来铁锅。正当大家议论纷纷，疑惑不解时，只见黑脸壮士双手用力把铁锅来了个底朝天，一下扣在了汩汩冒水的泉眼上，众官员和工匠们被他的举动惊呆了，面面相觑，等回过神来再找壮士，哪里还有踪影。这时，一个工匠大叫："快看，大泉眼不冒水了。"众人一看，那口大锅稳稳地扣在泉眼上，泉水不再往外涌了。有了这个大铁锅，石桥才得以继续修下去。人们为纪念这位壮士，为其起了一个形象的绰号"铁帽将军",并在大铁锅旁立了一块大石碑。于是,"铁帽将军"修桥的故事就流传了下来。当地百姓也有说那个用铁锅堵泉眼的是个白胡子老头,并且是神将"鲁班"。2003 年,人们在石桥附近修公路桥挖光缆沟时,竟然发现了这块石碑。

金门闸的蝈蝈

在金门闸的四周,五里地之内找不到蝈蝈,更听不到叫声。这是什么原因?相传一年盛夏,乾隆帝从京城出发,走到卢沟桥非要改道,要顺永定河大堤下江南。走到金门闸就夜幕降临了。他硬要在金门闸一侧的凉亭下睡一宿觉,一方面为观测永定河的水势,听听微细的涛声,一方面为欣赏永定河两岸的夜景,体察乡野风情。等到人困马乏时,他想安静地睡一大觉。不料,四周响起了清脆的蝈蝈叫声,此起彼伏,一声高过一声,他烦躁地坐起来,问身旁的大臣:"是何物在四周不知疲倦地噪叫?""是蝈蝈。这地方草丛里,柳树上有的是。"大臣禀告后,乾隆帝气呼呼地说:"真烦人!要它有何用?!"后人附庸说,从此蝈蝈再也不叫了,而且这个地区的蝈蝈渐渐地就绝迹了。

四大鸣山

琉璃河地区很早就流传着"四大鸣山"的故事。在琉璃河老公庙门通往琉璃河古石桥一华里的中间地带,有一个一孔拱形的石桥，桥下小溪横穿而过，两岸垂柳依依，稻田翠绿清爽，水塘荷花飘香。这座一孔拱形汉白玉石桥，桥南北两头，分别耸立着两块嶙峋的太湖石，高约 2.5 米，宽约 1.5 米，呈黑黄灰杂色，石上蜂窝麻眼，纵横交错。这 4 块看似普通的石头，有一个奇特的现象，就是会出声。哪怕只要一点微风，4 块巨石便可发出嗡嗡声，风力较大，声音便低沉、悠长，十里以内都能听到，被称为"四大鸣山"。据传，4 块巨石是鲁班修筑赵州桥的下脚料，由张果老赶着驴、柴王爷推着车一夜之间运到这里。"四大鸣山"是与老公庙同期建成。它是庙外的装饰和点缀，与庭院前面的假山水榭作用相同。小石桥今已无存，4 块鸣石有 3 块不知去向，另外 1 块被埋入公路下面当了奠基石。

天赐夫人

《畿辅通志·选举志》和《良乡县志》均载：梁斗南为金代进士。梁斗南，字拱宸，金代良乡县人（今琉璃河镇立教村人，一说为良乡镇人），在立教村曾有梁斗南墓，今已无迹。其在金代晚期入仕，曾登进士第一，官至河南都运，经历了金朝的亡国之难。梁斗南深得耶律楚材赏识，耶律楚材时与梁斗南诗歌唱和，其《湛然居士文集》中有一首诗《和梁斗南韵》，内有"谁知东海潜姜望，好向南阳起孔明"一句，颇见求贤若渴之意。梁斗南一生爱莲，晚年在良乡县城南三十五里的立教村开辟池塘，面积六顷，广种莲花，景色绝美，被后人誉为"梁公芳沼"，成为"良乡八景"之一。清代有《梁公芳沼》诗多首,表达了对梁斗南这位金元之际一代名士的追思之情。

一

梁公旧业傍莲池,数顷清波景色奇。
风递荷香来西院,雨滋菱实物芳陂。
渔舟远远横秋日,牧笛悠悠趁晚飔。
都运松阡今草莽,谁人重识状元碑。

二

低徊池畔吊遗踪,奕叶花开水映红。
试问当年谁是主,状元归去马嘶风。

三

名第传金代,流徽奕世遐。
人偕时共古,沼舆日俱华。
鹭立横堤柳,鸳眠片石霞。
梁园堪比咏,诗酒纵豪夸。

梁斗南天资聪颖,自幼博闻强识,擅长书法,尤善诗赋。他为人刚明通敏,处事果断干练,深得时人钦佩。梁斗南少时曾在辽宁闾山读书,与同室学友谈论到鬼神之事,梁斗南认为鬼神并不可怕。学友对梁斗南说:"闾山上有一座广宁庙,你敢在夜里去那座庙里读书吗?"梁斗南爽快地答应:"当然可以。"于是梁斗南与学友商定,把白灰涂在广宁庙的墙壁上作为检验的记号。

当天夜里，梁斗南便一人前往广宁寺。快到寺庙时，就远远地看见广宁寺大殿上有灯烛照耀着，又听见隐隐地有人说丞相来了，大殿上的灯火立刻就全熄灭了。梁斗南进庙后，坦然地用白灰将记号涂在大殿的墙壁上。随后，他从大门走到寺庙东北角落，在黑暗中无意碰到一件东西，仔细一摸，原来是个女子。于是梁斗南便将其带回住所。灯下观看那名女子，十分美丽。梁斗南详细询问了她的身世。女子回答，她本是江南苏州人，清明节在花园中观看击球表演时，忽然刮起一阵天昏地暗的大风，昏蒙中，她自己也不知道怎么就来到了这里。听完女子的话，旁边在座的人都非常惊讶，都认为这是一件不可思议的怪事。后来这件事被朝廷知道了，皇上下旨，将这名女子嫁给了梁斗南。周边百姓听说这件事后，都把梁斗南的妻子称作"天赐夫人"。

诗文荟萃

琉璃河地区，风景优美、古迹众多，引来众多文人到此咏物抒情。文人墨客的妙笔佳作，记述了琉璃河悠久的历史，描绘了琉璃河秀丽的风光，丰富了琉璃河的历史文化底蕴，琉璃河由此久负盛名。

范成大过河看鸳鸯

琉璃河

范成大

烟波葱茜带回塘，桥影惊人失睡乡。

陡起褰帷揩病眼，琉璃河上看鸳鸯。

范成大（1126—1193），字致能，号石湖居士，吴郡人（今江苏），南宋著名诗人。绍兴二十四年（1154年）进士，长期任地方官，关心民间疾苦，颇有政绩，官至参知政事。他的田园诗自成一格，影响很大，与陆游、杨万里、尤袤齐名，被称为"南宋四大家"。南宋乾道六年（1170年）也就是金大定十年，奉命出使金，慷慨陈词，抗争不屈，不辱使命而归。《琉璃河》一诗即是范成大在出使金国途经琉璃河时，所描绘的琉璃河景象，桥影、鸳鸯一静一动，一唱一和，不知不觉中，诗人被优美的情景所吸引，一路上的疲劳也消失了。

文天祥雪渡琉璃河

过雪桥琉璃河桥

文天祥

小桥度雪度琉璃,更有清霜滑马蹄。

游子衣裳和铁冷,残星荒店乱鸣鸡。

文天祥(1236—1283),号文山,吉安(今江西)人,南宋杰出的民族英雄和爱国诗人、政治家,南宋丞相,以忠烈名传著称,与陆秀夫、张世杰被称为宋末"三杰"。宋理宗宝祐四年(1256年)考取进士第一名。历任湖南提刑,知赣州。著作有《文山先生全集》等,有《正气歌》《过零丁洋》等名篇。德祐元年(1275年)正月,闻元军东下,文天祥在赣州组织义军,开赴临安(今杭州,当时南宋的京城)。次年被任为右丞相兼枢密使。景炎二年(1277年),进兵江西,收复州县多处。后兵败被俘,妻子儿女皆被执,将士牺牲甚众,天祥只身逃脱,乃退广东继续抗元。后因叛徒引元兵袭击,同年十二月,在五坡岭(今广东海丰县)被俘。至元十六年(1279年)被押送元大都(今北京),元至元十六年(1280年)十月路过良乡县琉璃河时,感怀赋诗《过雪桥琉璃河桥》,诗句描写了在大雪纷飞、寒风刺骨的时节,"滑马蹄""荒店""乱鸣鸡"之景,表现了一代英雄的铮铮铁骨。

袁中道口占风光诗

琉璃河口占四首

袁中道

一

飞沙十里障燕关,身自奔驰意自闲。
日暮邮亭还散步,琉璃桥上看青山。

二

余霞犹自宿林丘,烟芯岚翘天际头。
十里长街莹似雪,一泓清水带冰流。

三

寒泉日夜洗尘埃,无数青莲水外开。
滚滚游人桥上过,几曾着眼看山来。

四

斜阳岚彩照清流,五色妖霞水上浮。
独倚危栏成一笑,北河犹自有南舟。

袁中道(1570—1624),明代文学家。字小修,一作少修,公安人(今属湖北),明万历四十四年(1616年)中进士,授徽州府教授,后迁国子博士,官至南京礼部主事、郎中等职。与其兄宗道、宏道并称"三袁",为文学派公安派的中坚。他博学多才,10余岁作《黄山赋》《雪赋》二赋,共五千余言。提倡文学作品要自然清真。作品以散文为优,游记、日记、尺牍各有特色。游记直抒胸臆;日记精粹明畅,对后世日记体散文有一定影响。著作有《珂雪斋集》,以及《游居柿录》(《袁小修日记》)20卷。

"三袁"兄弟曾多次游览房山地区的名川大山,留下极珍贵的文史资料,其兄宗道有《上方山》游记多篇,宏道曾于良乡昊天塔留下《别友人》诗。袁中道曾几次游览房山琉璃河,存留了珍贵诗句。其《南归日记》载:"壬申,冒雪行,过琉璃桥,可三里许,极为壮丽,其下即古所云圣水也"。四首琉璃河的口占诗(即兴创作),生动描写了胜地佳境:在春夏季节的傍晚时分,琉璃河桥上青山绿水的美景;在昊空万里的余霞中,在晶莹似雪的桥上,清澈的琉璃河水夹着薄冰;一年四季,冬去春来,琉璃河桥上人群涌动,穿梭不息;夕阳霞光,倒映在河水中,婆娑旖旎,小船摇摆,南来北往。

燕谷长桥

水上览车马
王嗣箕

水上苍龙十里长,往来车马骋康庄。
万方永赖谁经始?咸济玄恩本肃皇。

琉璃满汀洲
吕蕴华

长桥建筑胜卢沟,一样前朝旧迹留。
官柳两行随路植,清溪三面抱村流。
轮蹄络绎称名镇,商贾冲繁集上游。
最是沿河春景好,帆飞篷转满汀洲。

四望琉璃桥
顿锐

晴天虹影卧平湖,倒浸蓬山贝阙图。
白浪眼穷风浩渺,彩云空阔气虚无。
三江近海思归范,万柳萦堤不姓苏。
早晚月华波上动,恍然龙女弄明珠。

吴郡看明月

蒋基

万叠燕山万叠泉,飞流千里挂长川。

琉璃桥上看明月,直蹋银河到九天。

此 4 首诗均被收入明万历时蒋一葵著的《长安客话》。蒋一葵,字仲舒,号石原,明万历二十二年(1594 年)进士,原籍武进,曾任广西灵川知县、京师西城指挥使、南京刑部主事。作品有《尧山堂外纪》《尧山堂偶隽》《长安客话》等。蒋一葵在《长安客话》(长安是封建时代对都城的通称)中选取了 4 首描写琉璃河的诗(诗的题目均为作者加)。王嗣篑看到琉璃河桥上车水马龙,追忆到建桥情景;吕蕴华把琉璃河桥与卢沟桥相媲美,形象地描绘了"官柳两行""轮蹄络绎""商贾冲繁""帆飞篷转"等特色;顿锐欣赏风平浪静的琉璃河,蔚蓝的天空中,彩云朵朵,明亮清晰的河面中,好似龙女戏珠;在古老的燕山脚下,蒋基被琉璃河的迷人夜晚所吸引,一轮晓月映入河中,仿佛是一条通往九天的银河大道。

琉璃河四首

前人(佚名)

近水遥山入画图,柳堤闲步踏平芜。

忘机日与沙鸥对,悔不烟波作钓徒。

清溪缭绕映柴门,杨柳蒹葭隐一村。
若有桃花逐流水,渔人疑到武陵源。

一水澄清藻荇浮,垂杨两岸系渔舟。
风帆沙鸟天然画,恨少诗人此地游。

水到村西曲折流,青山环抱白云浮,
绿阴深处宜携酒,闲数清溪贾客舟。

过琉璃河

德少司空龄

白发苍颜老侍臣,又随豹尾踏芳尘。
琉璃河畔毵毵柳,应识三朝扈跸人。

巨浸东汇

前人(佚名)

一水东南去,汪洋壮大观。
涛神隆祀典,河伯护安澜。
浪急喷沙远,冰消涌雪寒。
燕南三百里,胜迹古桑乾。

燕谷长桥

郭秉聪

轮蹄南北阻惊涛,圣王当年建石桥。
一带长堤横绿野,四时佳景漾青霄。
楼台倒影波中印,杨柳因风镜里摇。
翘首更疑云路近,行人络绎度虹腰。

燕谷长桥

苏之屏

风日清和圣水游,蔚蓝天在绿波浮。
未云龙见横郊野,不雨虹飞跨御沟。
万国梯航归孔路,千秋砥柱峙中流。
皇华镇日驰车马,何用舟人棹度舟。

燕谷长桥

前人(佚名)

百里皇华路,畿南第一桥。
烟霞迷泽国,风雨度星轺。
倒影波中印,垂杨画里摇。
乍惊鸿一曲,晚霁出云霄。

燕谷长桥

张璟

百里康庄路,风烟近日边。
龙藏云裹树,虹落水中天。
柱古题痕在,弓长倒影悬。
一河当孔道,从不碍邮传。

以上 10 首诗均选自民国十三年(1924 年)《良乡县志》。"琉璃河四首"诗,是未留姓名的前人之作,诗中多次写到柳树,"柳堤闲步""垂杨两岸"等诗句,可知当时琉璃河的柳树成荫、鸟语花香的美景,正如诗人所叹:风帆沙鸟天然画,恨少诗人此地游。同样写柳树,德少司空龄的琉璃河的毵毵柳树,好像是白发苍颜老臣的胡须,历史沧桑感油然而生。一首佚名的"巨浸东汇",把琉璃河的浪急水涌写得壮观流畅。诗的标题均是"燕谷长桥",都是赞美石桥,然各有千秋,明代郭秉聪和清代苏之屏从不同角度,抒发不同感受,让人们在变幻莫测的诗句中,领会大自然的博大深奥,体会"横看成岭侧成峰"的美景。

题壁诗

琉璃河馆壁诗

王素音

愁中得梦失长途,女伴相携听鹧鸪。
却是数声吹去角,醒来依旧酒家胡。

朝来马上泪沾巾,薄命轻如一缕尘。
青冢莫生殊域恨,明妃犹是为和亲。

多慧多魔欲问天,此身已判入黄泉。
可怜魂魄无归处,应向枝头化杜鹃。

此诗出自《坚瓠集》中的《琉璃河馆壁诗》一章。《坚瓠集》是清代笔记名著,作者褚人获,字稼轩,又字学稼,号石农,清长洲(今江苏苏州)人。他有多方面的才能,著作颇丰。

《琉璃河馆壁诗》记述了清朝顺治初年,长沙女子王素音在琉璃河馆驿墙壁上题写的三首诗。长沙女子为何被裹胁到良乡琉璃河?这要从当时的历史背景上说起。清代女子题壁诗多作于明末清初。这是一个明清交替的动乱时期,明王朝覆灭,清世祖福临在北京当了皇帝,清兵直逼江南,人们的生活被破坏了。早在入关之前,清军多次入关抢掠人口和财物,入关以后,旧习依然未改,八旗官兵掳掠大量妇女,于是就出现了许多像蔡文姬一样的千古怨女,这些被掠女子怀着深深的故国之思,流落到他乡。王素音很可能就是在这种情况下被掳的,并曾在良乡琉璃河的馆舍内住下,因而也就有了她的馆壁题诗,以此把自己的身世和遭遇以及一路愁苦倾诉于笔端。褚人获在书中叙述:"顺治初,有长沙女子王素音,题良乡琉璃河馆壁诗并序。"序的内容如下:

妾生长江南,摧颓冀北。豺狼当道,强从毳帐偷生,鸟鼠同居,何啻将军负腹。悲难自遣,事已如斯,因梦之迷离,寄朝吟至哀怨。嗟乎!高楼坠红粉,固自惭石崇院内之妹,匕首耀青霜,当誓作兀术帐中之妇。天下好事君子,其有见而怜予乎?许虞侯可作,叱利终须断头陷胸,昆仑客重生,红绡妓不难冲垣破壁,是所愿也,敢薄世上少奇男,窃望图之,应有侠心怜弱质。

这篇序文把王素音的身世、处境、思想和盘托出。饱读诗书的大家闺秀如今却与"鸟鼠同居",这是怎样一种生活啊。她幻想能有一个"奇男"来搭救自己,那真是她"所愿也",只可惜,这个良好的愿望就像天上的明月一样,可望而不可即。

王素音的题壁诗被人知晓后,许多文人墨客争相拜读,和诗满壁。褚人获的叔父苍书得知此事后,写下了两首和诗,读来气氛悲怆,令人回肠。诗作如下:

一

楚山行尽总征途,谁向黄陵唱鹧鸪。

烟火不禁愁日暮,江乡还忆煮雕胡。

二

红泪模糊白练巾,封侯夫婿满头尘。
弓刀队里羊裘畔,只共题愁笔墨亲。

新城人王士禛(原名王士禛,字子真,一字贻上,号阮亭,又号渔洋山人)也有一首伤离怨别,感情真挚的小令《调寄减字木兰花》,其词如下:

离愁满眼,
日落长秋色远。
湘竹湘花,
肠断南云是妾家。
掩啼空驿,
魂化杜鹃无气力。
乡思难载,
楚女楼空楚雁来。

康熙年间的博学鸿儒、工诗及骈体散文的陈维崧,在其《妇人集》中说:"长女子王素音为乱兵所得,题诗古驿有云:可怜魂魄无归处,应向枝头化杜鹃。见者莫不怜之。"他记述在乙未年(1655年),有一位叫"阿贻"的人和同城的传侍御一起北上,至白沟河的一个旅店住下,看见有和素音的诗,但不见王素音的原题诗,经询问,有人"指墙边积木,堆五六尺许,云在此中墙壁上"。由是阿贻与侍御急于读素音的诗,便吩咐随从一起搬木头,搬到一半看见原诗。正值寒冬,阿贻一边吹气暖手,一边拿笔,侍御执灯,抄录全诗,一起读素音的诗,并各自在墙上写了和诗,之后即饮酒,方觉手腕都僵了,二人大笑,彼此谓"痴绝也"。陈维崧又记述了他也到过那个地方,也和了诗,并写到"素音原诗共三绝,前有小序,是俪语,凡二百许字,其精丽可与琅玕女子相敌,载余《燃脂集》中。"

俞陛云先生在《清代闺秀诗话》中说,以诗文著称的文学家王士禛(世称王渔洋)生有和作,"王渔洋闻(王素音事)而伤之,赋《减字木兰花》词云云。三难女中,其横遭厄运同,而文藻则素音尤胜。当弥天烽火,红颜之沦落者,不知凡几。不仅徐中山王弟之娇女,被军府一鞭驱走,为梅村祭酒所悲也。"从俞陛云的叙述中,得知王渔洋也曾有词和王素音,词牌为《减字木兰花》。

在琉璃河发生的王素音的题壁诗及她的故事,是我国历史长河中的一个瞬间,但管中窥豹,可见一斑,通过流落到琉璃河的一个女子的诗句,让人们更多地了解当时的历史背景,也增加了古镇的神韵和多彩。

乾隆帝两咏金门闸

堤柳

堤柳以护堤,宜内不宜外。
内则根盘结,御浪堤弗败。
外惟徒饰观,水至堤仍坏。
此理本易晓,倒置尚有在。
而况其精微,莫解亦奚怪。
经过命补植,缓急或稍赖。
治标兹小助,探源斯岂逮。
(乾隆癸巳暮春月上瀚御笔)

阅金门闸作

浑河似黄河,性直情乃曲。
顺性防其情,是宜机先烛。
而此尤所难,下流阻海属。
杀胜蓄厥微,在泄复在束。
金门仿毛城,减涨资渗漉。
然彼去路遥,此则去路促[①]。
遥者尚回澜[②],促者横流速。
斯诚非善策,惊见心粥粥。

《御制诗碑》中的《堤柳诗》

亟筹救急方，谓当挑坝筑③。

倒勾抵金门，余溜俾归谷。

非不图屡阅，终弗为亲目。

然予试洁矩，九寓廊员幅。

一人岂遍及，滋用增惕悫。

（乾隆癸巳暮春月上瀚御笔）

注：①闸下减河自黄家河分支，由津水洼达淀，仅140余里，路近势促，故易停淤。②毛城铺去路既远，且有倒勾引河，使减下之水，澄清缓泻，故资宣泄之利而无他患，非若此浑流直下，下往莫遏也。③水即直下，势难骤挽，命于闸上作挑水坝，通其回流，成倒勾之势，然后舒徐归淀，庶几补偏之策耳。

乾隆二年（1737年）永定河大水，多处决口，京城近郊也受到洪水之害。乾隆非常重视，亲自做调查，并和几个重要臣僚就永定河的治水方案多次进行讨论。在乾隆的直接督促下，总结了历代、特别是从康熙筑堤以来的经验和教训，提出了一整套治理措施，正如大臣鄂尔泰所总结的"……永定河之所以为患者，独以上游曾无分泄，下口不得畅流，经行一路，中梗磅礴，以故拂其性而激之变也"。后来总结的几个要点为"疏中泓，挑下口，以畅其流；坚筑两岸堤工，以防冲突；深浚减河，以分其盛涨"。乾隆60年中，基本上按照这个办法治理永定河。可见，乾隆对永定河上的金门闸工程可以说是非常重视的，以至在修治完成后，畅咏一番，以示祝贺，理在其中。

碑 记

　　琉璃河流域碑刻众多,其中有5通碑记载琉璃河石桥的修建事宜,今存4块;有8通碑记载金门闸修建始末,今存5块;窑上革命烈士纪念碑和务滋村烈士碑纪念为建立新中国而英勇牺牲的革命烈士。

石桥碑铭

古迹琉璃河石桥，曾立有5块与琉璃河修建史有关的石碑，即《敕修琉璃河桥堤记》《琉璃河桥碑记》《创建琉璃河舆梁碑记》《重修挟括河石桥记》《敕修琉璃河桥海潮观音庵碑记》。其中，《敕修琉璃河桥海潮观音庵碑记》已残，今无碑文。

敕修琉璃河桥堤记[①]

明　工部尚书　雷礼

良乡县迤南四十里，村名刘李，其地洼下，为积流所潴。有河一道，志称琉璃，即古圣水。自房山县龙泉峪诸泉会合于此，经霸州，东注拒马河入海。时逢霪潦，散漫奔溃百余里。凡陆挽跕驰者，动阻滞不能涉，甚或四方驿辂，坐视愆期。嘉靖己亥，皇上驾幸承天，睹民难涉，恻然悯之。比銮回，敕工部尚书臣甘为霖督修。为霖以病去，不终其事。越岁乙巳，复命侍郎臣杨麒、内官监太监臣陈准、袁亨建石桥普济，各以绩叙。然无堤捍御，每遇潦暑水发，环桥南北，尽为巨河，难以越渡，往来病是者又越八年矣。会辛酉仲冬，事闻当宁，蒙谕尚书徐杲曰：良乡河桥屡敕大臣督理，水势涨，未见东下，兹降帑银八万两，而总理之，勿令外知，恐民费财也。杲受命相度，建议修筑二堤，专用条石，中添小桥一座，并设水沟以杀水势。其各涨丈尺数目，画图贴说以进。臣杲曰:"皇上体上天大德,利济元元,吾辈职司桥梁道路,不能先事弭患,致厪圣怀,责实难辞。况部库所储,分毫皆皇上财也,敢烦帑藏,具疏请任事。"荷旨谕允,于是委郎中臣王尚直、员外郎臣鲁一经,同内官监太监臣杨用分理。其规划悉臣杲所定。凡为堤,南北东西共长五百余丈,桥一座,长四丈五寸,阔三丈五尺,高一丈三尺五寸。水沟八道,又亲饬钦立元恩、咸济坊,凡二座。至壬戌孟冬报成。上遣臣徐杲悬匾祭谢,差溥费有差。于是臣杲立石,属臣礼颂,述圣德垂示永久。窃谓万古称盛治莫过于尧舜,史臣称其仁如天,其德好生者,以心存溥济,不忍一夫一区咎垫而已。而桥梁道路,尤为王政所急。今我皇福民利济,常存心于天下,至诚恳切,如元德包涵。故一闻民之病涉,有若己实溺之,不容以自己者。其所以发帑藏,普福禄,不欲劳民费财,真昭格乎穷昊之表,与尧舜同一揆矣。即今石堤延袤,与桥相连,萦若横带,使万国辐辏而至,泽及商旅农氓,相与歌忭于途,讴溢于野,不与平成之绩万世同其炜煌耶!是役也,臣礼不过祇奉德意,率举职事诸臣。杲之调度区画,实能为九重分忧,播之无疆,不徒随事效能而已。因记其颠末,以告来者。

注释:

①光绪《良乡县志》;《日下旧闻考》卷一三三:《京畿·良乡县》雷礼《敕修琉璃河桥堤记》。

《敕修琉璃河桥堤记》,明嘉靖四十二年(1563年)孟春立。该碑今在琉璃河桥北东侧,座已不见,螭首,雕两龙戏珠,额题

"敕修琉璃河桥堤记"，碑高3.71米，宽1.12米，厚0.39米，保存状况尚好。该碑由雷礼撰，王槐正书，朱希孝篆额。碑文见于康熙、光绪、民国年间的《良乡县志》《日下旧闻》《日下旧闻考》等书，有脱、讹、衍多处。

雷礼，字必进，号古和，丰城（今属江西）人。明朝官员、史学家，嘉靖年间进士，官至工部尚书，加太子少保，太子少傅，晋少保。以文学与治事正直闻名，其一生的主要业绩集中在建筑艺术和水利工程上。嘉靖三十七年(1558年)，以添注工部尚书，督修三大殿（奉天、华盖、谨身）工程，至嘉靖四十一年(1562年)完工。嘉靖四十二年(1563年)为抵御俺答入侵，建言加固北京城垣，崇墉深浚，并于安定等七门添筑瓮城，均被采纳。雷礼是明清建筑艺术的主要开创者，"样式雷"建筑世家则是集大成发展者，这个建筑世家的成果，是在雷礼的基础上形成和发展的。雷礼主持修建的明十三陵为"样式雷"建筑清东陵与西陵提供了样板；清康熙年前重修的"样式雷"建筑清宫三殿也是在雷礼修建明宫三殿的基础上重建的。熟悉典章制度，于《明史》用力颇勤。著有《列卿记》《明大政记》《列卿表》等（参考《今日北京》历史卷、名胜卷）。

琉璃河桥碑记[①]

明　沈一贯

国家奠定燕京，控北戒河山之胜。西来诸水，蜿蜒而注，萦回若带。去都城三十里而近，为卢沟河。有桥，自胜国时甚伟。又南七十里为琉璃河，则古圣水也。源出房山龙泉峪，涧壑斗绝，受胡良、挟河诸流而东行，汇于拒马。霖潦时集，迸涌奔溃，弥漫殆百余里矣。今涿鹿为朝宗孔道，四会蹄鞅，而当其衢故未有桥也。盖不胜濡轨之虑焉。肃皇帝己亥狩鄜中，始出水衡金钱，授司空，累石梁，七载而成。又堤其两壖，各五百丈。车驰马骤，如行康庄。上者，肃皇帝不自有其功，而榜之曰元恩、咸济，谓若天赐云。顷年以来，桥南洞圮者三，堤有泐有坼，道中绝，上闻而悯之。发内帑金令重修，而圣母慈圣宣文明肃贞寿端献皇太后益出官中委佐之。肇庚子冬，越壬寅春而告讫。圮者缮而加固，泐者坼者甃而加完。又于桥之北创神祠，祠前为井，用济行道之渴。费金如干，而皆自御府募人以操役，不给，则发营伍之间佐之。世且永赖而官若民不闻也。天下事皆有自来，不止一朝，而莫不积罅成敞，积敞成坏，坏极而更，乃至于烦费已。语有之：千丈之堤溃于蝼蚁之穴，万木之林焚于钻燧之烟。积渐然也。当桥初罅时，藉令有司者善为之防，不过一石一篑之劳，而巩然已，何至于烦费哉？惟忽于一石一篑，而后乃几毁成绪，惟有司者不戒，而靡圣天子之经营，故行堤者塞其穴，慎火者涂其隙，保治者防其微。呜呼！岂独河桥然哉！上命臣一贯作记。臣恭记岁月以宣扬休德，而垂之来兹，末复申积微之说，愿后之人无忘斯功也，谨记。万历三十年九月吉旦立。

注释：

①《日下旧闻考》卷一三三《京畿·房山县》明沈一贯《琉璃河桥碑记》。

此碑记提到了《敕修琉璃河桥海潮观音庵碑记》一事。该碑

石桥碑

主要记述了明万历年间修建琉璃河桥施茶海潮观音庵的情况。据1959年1月北京市第一次文物普查资料，该碑位于琉璃河石桥北头路西，南向，螭首，长方座，雕两龙戏珠，额篆"敕修琉璃桥海潮观音庵碑记"。碑高3.2米，宽1.05米，厚0.34米，座高0.9米、宽1.48米，厚0.69米。碑下截泐甚，阴无字，仅存残碑，高约1.68米，碑座已不见。今国家图书馆善本部藏有拓片，高2.04米，宽1.02米。碑由胡瓒撰，碑文为正书。

创建琉璃河舆梁碑记[①]

清　吕植

琉璃河古圣水也，发源于房山之龙泉峪，澄清澈底，朗若琉璃，遂以此得名焉。有石桥跨其上，扬帆而至者，开窗西望，状类飞虹，居良乡八景之一，洵畿南胜地也。挟河之水自西南来，至村东与此水相汇，以故缘南岸，东行路不能通。旧有草桥，以行车马，然至夏间水涨，恐为漂没，每拆之以俟秋后重修，行人咸以为不便也。呜呼！一水空明，帆樯云集，沿堤商贾，楼阁参差，马骤车驰，征途络绎，柳桥晴絮，天然一幅书画。至夏间，望洋而叹怅，一苇之难杭，岂非一大憾事哉？今何幸我曹师长创建舆梁，永作慈航之普渡，商农行旅经是途者，歌功颂德当如何也。师长名锟自重珊，我直隶天津人也，于阳历三月率第三师驻节于此，保护闾阎扫除盗贼为一路之福星。凡不便于民者则去之，有利于民者则兴之，叹一水之阻。长悯征人之病涉爰发巨款以兴大功。鸠工庀材，阅两月而告竣。凡过此桥者，孰非实惠均沾者哉。然师长实惠在民，此桥不足见其万一也，将来维持大局作砥柱于中流，普济群生为巨川之舟楫。此桥非独是小焉者哉。然我商民受此大惠，铭感不忘，爰勒石以记焉。

注释：

①民国十三年（1924年）《良乡县志》卷八《艺文·碑文》。

吕植，清代举人，民国十三年续修《良乡县志》总纂修。

重修挟括河石桥记

清　高建勋

京师西南，房山与良乡接壤，迤南为涿州。涿之北境，挟河村北，有河曰："挟括河"。发源于房邑西南之黑龙潭。汇群山之水，转趋而东入于琉璃河。

河上旧有石桥，当南北之冲途，为入京之周道。创始于前明嘉靖，历年久矣。桥既不支，河亦污塞，每逢秋霖，山水下注，远近行人，视为畏途。数十年于兹矣。

今年春，兼尹万公、尹宪王公，奉差经此，恻然念之。恐其愈久圮也。爰令厅宪邹公，督饬涿牧郝君、署良乡令毛君、署房山令陶君，会议重修。复虑各牧令政务殷繁，不克时赴工，次添派前署良乡令王君暨余同司其事。于五月望前开工，幸三君经始有方，而所邀董事更为得人，委劝经费，旬余集有成数。余嘉各绅富之慷慨，又赞诸董事之殷勤，帮同监视，昕夕不倦。财则撙节之，匠则督促之。其总理工役者、为长馨杨氏，尤干练耐劳苦。余与王君方惴惴焉。惧不克竣事，致负两宪之委任。及七月既望，工已俱竣。计浚河七百余丈，筑灰土坝五处，修石桥二十丈，填平桥旁大道三里余。事则善而争趋，工则坚而可久。自是策马者、驱车者、担簦与扶杖者、安步而徐行者，过斯桥也，荡荡平平，非复前日之视为畏途矣。洪惟我国家深仁厚泽，沾被寰区。凡关隘津梁所在，皆施仁政。

今两宪饬修废桥，利济斯人，亦所以宣上德于无穷也，讵不懿欤！当未事之先，佥谓工程浩大，为之极难，而诸君暨董事，毅然为之，竟至于功成且速，并以余资将白草洼处一律修垫平整。此我两宪之所教诲，亦以见善念具于人心，有以感之，皆勇跃兴奋，不分畛域使有废。悉举非斤斤于一时一事间也。抑两宪之意，更欲以此示天下人，凡事有可为，皆不可畏难而弗为，岂独此桥也哉？爰命为之记而立石焉。

注：原碑在挟河，现已无。碑文摘自民国二十三年（1934年）版《涿县志》。

高建勋，山东章丘人，清同治十年任良乡知县。

金门闸碑

据史料记载，金门闸原立有八通碑，述金门闸修建经过。中华人民共和国成立初期，尚存五通碑，还有碑亭。"文化大革命"后，五通残碑遭剥蚀断裂，后经房山区永定河办事处与涿县永定河办事处联系，商议保护这些石碑，后河北省文化厅盖房，将五通残碑移至室内。五通碑有乾隆年间的两通（两首诗和《金门闸浚淤碑》）、道光年间的一通（《上谕碑》）、同治年间的一通（《重修金门闸减水石坝记》）和宣统年间的一通（《重建金门闸记》）。除了乾隆年间的一通碑是咏《堤柳》和《阅金门闸作》两首诗外，其余的均是记载历代浚淤、修整过程的。其中宣统元年的《重建金门闸记》记述最为详尽。咏堤柳的诗碑是乾隆御笔。

金门闸浚淤碑

清　爱新觉罗·弘历

六月初九奉上谕：周元理奏"五月二十二以来，永定河水势虽有增长，大溜直走中泓，汛趋下口，两岸堤工稳固"一折，览奏稍慰，仅念至所称各处河水旋长旋消，初一辰刻，金门闸过水六寸，巳时即已断流等语，金门闸宣泄永定河盛涨，其情形与南河之毛城铺相似，永定河挟而行，与黄河水性亦同。向来毛城铺于过水后即将口门及河流去路随时疏浚,以免淤停,实为利导良法,金门闸自当仿而行之。着传谕周元理,督饬河员,于金门闸过水之处,即为挑浚,务使积淤尽除,水道畅行,以资疏泄。嗣后金门闸每遇过水,永远照此办理。仍将永定河水涨落情形,随时奏闻。钦此。

乾隆三十八年

注:此碑立于金门闸之碑房内。

金门闸重修碑(上谕)

道光三年十二月初十,内阁奉上谕:张文浩等奏"勘估永定河减水闸、坝、越堤等工及分别修筑"一折。近年永定河流受淤较重,据张文浩等逐一履勘,南二工拆修升高,金门石闸、龙骨、坝台、金墙、海墁石籖箕暨闸内厢做护埽、裹头并沿堤挖闸塘淤,以及上首裹头、下首雁翅、迎河老抛片石坦坡,又迎水引河、闸外减河等工并厂房器具,共估银十万三千四百五十一两整。着俟来岁春融,照估趱办,统限汛前一律完竣。所需银两,即于预拨各省封贮项下解到动用,其灰石等项料物,应一今冬采办到工,着蒋攸铦将解部粤海关饷先行截留一批,计银五万两,发交永定河道,赶紧购备,以免迟误,该部知道。钦此。

注:此碑立于金门闸遗址南侧,1988年,涿州市水利局特建碑房,加以保护。

重修金门闸减水石坝记

金门闸石坝建自乾隆三年,每于大汛盛涨之时,分减水势,法至良,急至美也。嗣因河底积淤渐高,乾隆三十五年,道光三年、十一年、二十三年,逐将龙骨加高至八尺七寸,尚可泄水。迄又将三十年,河底淤高已与龙骨相平。同治五年以后,筑埝堵闭,涓滴不能启放。十年冬,钦命太子太保大学士直隶总督一等肃毅伯李查勘全河,至金门闸,谓不可以废而不治,饬令估修。朝仪等详加勘仪,将旧龙骨中断二十丈外高四尺,两旁十八丈各外高五尺。

所有旧龙骨之高八尺七寸者,全行拆卸,新龙骨放长进深六尺;下接旧海墁。上做坦坡之形,使水势平缓过闸,方无跌坑掣溜之虞。北坝台东面移建九丈,与新龙骨紧接。坝台内外镶做埽段,仍于龙骨上添设拦水埝一道。其减河工长四千一百七十丈,一律挑浚深通。又重建御碑亭、汛房等工。通盘核计,共需银六万四千七百四十二两七钱九分二厘。蒙批准在秋灾赈抚项正如数筹拨,购备灰石料物,及时兴办,以工代赈,俾穷民籍以佣趁。入告得者谕允。遂于十一年二月二十二日开工,至四月底止,一律完竣。

同治十一年岁,在壬申五月。

注:此碑现立于永定河金门闸。

重建金门闸记

永定河南岸之有金门闸也,始于康熙四十年筑草坝于竹络坝北,越六年而易以石。其时为引牤牛河之水,借清刷浑而已。厥后河高于牤牛，清水不复入。而闸遂废。乾隆三年，移建于南二工今之九号，改减水石坝，仍袭旧称，以闸名之。余初不解其何以名，近览畿辅安澜志而后得之。且夫闸之为用，岂独借清刷浑云尔哉；水小可用之以遏其轶，水大可启之以杀其怒，宣塞随意而施，其功过于败远甚，奈何废闸而又改之为坝也乎？况永定河水性湍悍，挟而行，日淤则河日高，河日高则坝日下，若不时加修治，纵不夺溜，亦无以水攻，而全河病矣。故由乾隆下至光绪，必数年一小修，三十年一大修。第一大役兴，费必以矩万计，而仍不保数岁之安河也？坝有定型，不若闸之启闭由人，可因水大小以为宣塞也。溯自同治十一年，李文忠公奏请大修之后，今又三十余年矣，去夏五月，余巡河至此，测其坝之龙骨，宽五十六丈，外高于引河不及二尺，而内低于河滩者且尺许，仅恃一小埝模障之，一旦埝不足恃，势必悬流直泄，其患将不可胜言。余深

重建金门闸记碑

忧之，于是乎复建大修之议。乃历稽成案，凡大修之费，无不过六万金以上者。今因财改方□，当委员勘估时，谆谆以檄实博节为戒，然犹估需五万二千余重，谓如是则已节无可节矣。时杨文敬公总督直隶，九月往见，语以此事，文敬难之，余力争乃得请。岁终遂奉部议准行。斯时余尚未知金门闸之旧非坝也，故所请者仍坝之费耳。建德张黼廷观察恺康久历河防，且承修石工者屡矣，余心钦其才，请文敬以为助。正月黼廷至，遂语余曰："金门闸以坝而称闸，名实既不相符，且坝有定型，不若闸之启闭由人，可因水大小以为宣塞也，倘乘此改而为闸，不亦善乎？"余喜其识与己合，曰："策固善矣，但所请者修坝之费也，以之建闸足乎？"黼廷趋坝上相度形势，会计竟日而复于余曰："闸，所以分泄盛涨者也，其龙骨无需甚宽，今缩为三十二丈，而辟闸洞十五于其上，洞皆高八尺，宽丈四尺，是亦足以畅其流矣。又于闸洞之上，平板为桥，复之以土，大汛时可以利往来，行者不致于病涉，则尤便民之道也。规模若此，预计所需之灰土木石与夫大小匠作之工，其费当与修坝等。纵有不足者亦仅矣。"余素信黼廷之精能也，于是议遂决。历城汪直黼廷庚、桐城张大令荣凝，皆起家河员，老于工程之学者也，余檄二子董其役，黼廷又驻工次监督之。经始于二月之初，中更闰月，告成于五月之末。盖闸废而坝者百七十年，今而后复还其闸之旧矣，余观夫黼廷之在工也，与二子者夙兴而晏息，终朝于风烈日之中。巡历往来，发纵指示，勤者劳之，惰者惩之，凡呈现月如一日。役虽数百人，从未闻译门之谤。是非不宽不迫、程督有方，何能使之劳而不怨若是乎！工既成，怎橡其所费，适如吾所请之数而止，又非有精核之才、忠实之志，何能不回费而成功也乎？呜呼！今之懂理工程者众矣，求如黼廷之勤明廉干、工烦而费简者抑亦稀矣。余故乐记之以告于人，并使后来者知坝还为闸之所自始也。若夫建造之事，引河之工，张令已祥记于碑阴，遂不更述焉。

赐进士出身、诰授资政大夫、二品衔总理直隶永定河道、前翰林院侍读、加二级纪录八次、旌德吕佩芬撰并书。

金门闸碑

大清宣统御极之元年太岁在己酉季夏之月，建于闸之南坝台。

注：此碑现立于永定河金门闸。通高207厘米；碑首高62厘米，宽72厘米，厚19厘米；碑身高145厘米，宽69厘米，厚16厘米。

革命烈士纪念碑

窑上革命烈士纪念碑亭坐落在窑上村一处占地1000多平方米的围墙内,由两个相连的琉璃瓦顶仿古亭和一座纪念碑组成。两亭相连的横眉上,书有"忠魂亭"3个金灿灿的大字,两亭中间竖立着烈士纪念碑,碑的正面镌刻着"革命烈士永垂不朽"的大字,碑亭后,有张晋龄和常庭文两位烈士墓。

修建烈士碑亭记

在抗日和解放战争的艰苦岁月里,千百位革命先烈浴血奋战在窑上地区,这里安眠着三位不同时期壮烈牺牲的英雄。一九三九年十二月二十二日,我二千余名战士与数倍的日寇在窑上村,从上午十一时激战到晚十时,毙敌三百余人,缴械若干,我一位不知姓名的连长率部多次阻击住日寇的强大攻势,最后中弹牺牲。战斗告捷,我部连夜撤走,乡亲们按嘱托把他葬在窑上村南大堤脚下。一九七二年,把遗骨移葬到此。

张晋龄,乡亲们称张聋子,一九一八年生于河北雄县西楼乡南辛立庄一贫农家庭,自幼务农,一九三八年参加革命,一九四一年五月,加入中国共产党,多次到敌占区搜集情报,瓦解敌人,成绩卓著。一九四三年冬,受命到涿良宛联合县五区(窑

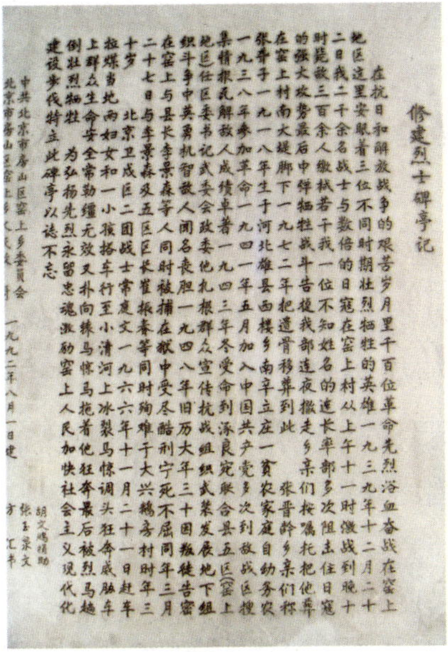

窑上英烈园碑文图

修建烈士碑亭记

地区抗日和激战事的艰苦岁月里有百位革命先烈洒血奋战在窑上……（碑文竖排，字迹部分难辨）

中共北京市房山区窑上乡委员会
房山区窑上乡人民政府特立此碑亭以志不忘
一九九二年八月一日建
胡文鹏捐助　张玉泉文　方汇书

上）地区任区委书记、武委会政委。他扎根群众，宣传抗战，组织武装，发展地下组织，斗争中英勇机智，敌人闻名丧胆。一九四八年冬，旧历大年三十，因叛徒告密，在窑上与县长李景森等人同时被捕。在狱中受尽酷刑，宁死不屈。同年三月二十七日，与李景森及五区区长崔振春等同时殉难于大兴鹅房村，时年三十岁。

北京卫戍区二团战士常庭文，一九六六年十一月二十一日，赶车拉煤。当地两妇女和一小孩搭车，行至小清河上，冰裂，马惊，调头狂奔，威胁车上群众生命安全。常勒缰无效，又扑向辕马，惊马拖着他狂奔，最后被烈马趟倒，壮烈牺牲。

为弘扬先烈，永留忠魂，激励窑上人民加快社会主义现代化建设步伐，特立此碑亭，以志不忘。

中共北京市房山区窑上乡委员会
房山区窑上乡人民政府于一九九二年八月一日建
胡文鹏捐助　张玉泉文　方汇书

碑记记录了窑上保卫战经过和张晋龄、常庭文两位烈士事迹。窑上保卫战发生在抗战爆发后，邓（华）宋（时轮）支队回到平西,巩固和扩大以百花山为中心的平西抗日根据地,房良抗日根据地也比以前扩大了,群众抗日运动不断发展。八路军七分区主力部队七十五、七十六团驻扎在窑上村。窑上村村民积极参军参战。1939年12月的一天夜里,抗日部队冀中十分区朱占魁部队2000多人悄悄越过永定河,到当时的窑上乡附近村庄。部队严格遵守纪律,没有惊动老百姓,就在野外宿营,有的在门洞里过夜。快天亮时,老百姓看见自己的部队,便帮助八路军挖战壕、修工事,做战斗前的准备。第二天天亮后,日军分四路向窑上地区开始进攻,北路从卢沟桥,东路自庞各庄,西路从码头,南路自固安县,采取包围之势。上午11点左右,窑上任营村打响第一枪,战斗开始,从河东过来的日军,最先遭到八路军截击,在河滩上

英烈园纪念碑亭

死伤一片。从贾河村方向开来的5辆卡车,没到窑上村口,被八路军战士用手榴弹将最前面一辆炸毁。战斗中,八路军英勇抗敌,村民们积极参战,仅窑上一个村就有128人参加了战斗,抬担架,运送伤员,他们你来我往,动作迅速。战斗一直到深夜,日军大批增援部队赶到,八路军向永定河东转移。窑上村的日军被我八路军打死打伤283人。八路军伤亡30多人,其中,一名八路军连长和两名战士在赵营村牺牲了。

张晋龄,河北雄县人,1941年加入中国共产党。1943年,任中共涿良宛联合县一区区委书记,在窑上地区开展革命工作,组织群众开展减租减息斗争,窑上地区抗日活动空前活跃。1944年,涿良宛抗日联合政府在窑上村建立。张晋龄带领群众,除掉辛立庄村的恶霸,率领武工队三次攻打公议庄,四次闯葫芦垡的日伪据点,在良乡东关集市擒获作恶多端的汉奸。日本投降后,地主武装还乡团仰仗国民党政府势力,四处迫害老百姓,张晋龄继续领导群众坚持革命。1948年,因叛徒出卖,张晋龄等共产党员在窑上村被铺。敌人对他们施以酷刑,后将张晋龄押往北平监狱。国民党和还乡团对他威胁利诱,用铁丝穿透锁骨,拽到永定河堤畔,虽鲜血淋漓,仍大义凛然。后被杀害,年仅30岁。老百姓为纪念在窑上地区牺牲的烈士们,在今窑上中学西侧建立了革命烈士墓,立有"革命烈士永垂不朽"纪念碑。

常庭文,河南汲县人,农民出身,1960年入伍,历7年,由执勤、训练,到炊事员、饲养员、马车驭手。7次受奖,连续5年被评为优秀战士,为北京卫戍区驻房山某部十连八班战士。

他牢记为人民服务宗旨，任炊事员时，每次担水，总先把一军属和一五保户家里水缸担满水；任驭手时，群众或搭乘或捎脚，逢求必应。一次，送10多名代表去县开会，因天黑雪大，沟路难辨，庭文下车挽缰，边探路边驭车，及时送代表至县，并准时接回。于冰天雪地中往返70余里，致鞋裤冰冻，足及下肢红肿，被群众誉为"活雷锋"。1966年11月，常庭文和另一位战士赶车去窦店火车站运煤，途中遇一孕妇及一怀抱幼婴妇女并两少年搭车。常庭文主动停车，脱下棉大衣为婴儿御寒。正值隆冬之际，风吼冰凝天气，车行至小清河边，突发意外，前马踏碎冰凌之哑声，致辕马及另一梢马受惊，旋即转头猛跑，拖车向坎坷荒滩。强烈颠簸，随时会令马车倾覆。惶急中，常庭文飞身跃下，挽住丝缰并尽平生力勒住辕马，以迫马车减速，并连呼乘车人跳车。辕马被勒，前蹄腾空，车速稍减，孕妇及一儿童趁势跃下，然车上仍有3人，两马烈性未拢，仍拖车狂奔。已下车二人惊悸喊叫，要常庭文撒缰，在生死关头，常庭文决然应道，车上有人，不能撒，仍拼力勒缰，竟被车拖出百余米。常庭文因紧贴车身，不幸被马踢倒，头部被马蹄践踏，腹部遭车轮碾轧，血染荒滩，另一战士为救群众亦负重伤。11月30日，窑上公社召开万人追悼会，中共北京市委市政府及北京卫戍区党委为其追记一等功，并追认为革命烈士、中国共产党正式党员。

务滋村烈士墓碑，载抗日战争期间革命烈士白文如（1914—1945）事迹，碑正面镌刻党旗和烈士英名，"革命烈士永垂不朽"几个大字苍劲有力，背面碑文为烈士生平。碑文如下：

白文如同志一九一四年八月初八生，贫农，自幼务农，四一年在中共涿良宛县委的领导下，从事秘密的群众工作，四三年加入中国共产党。四五年七月任抗联会主任，扩建了党组织，带领贫苦群众与伪政府进行了减租减息等斗争。为造福于民，在敌人□□□□下，腰□手榴弹，积极发动三十几个村，修建了从东石羊至路村的刺猬河工程，至今仍发挥着排水防洪作用。四五年农历八月十三日晨，伪县大队带二百多团兵偷袭我村。白文如同志不幸被捕，尽管敌人对他严刑拷打，文如同志为保护党的组织，拒供党员名单。敌人无计可施，对他下了毒手，深受党群爱戴的白文如英勇就义。白文如同志对党和人民的革命事业赤胆忠心，艰苦勤奋，为打败日本侵略者，推翻旧社会，献出了宝贵的生命，

务滋村烈士墓碑

为发扬革命传统，纪念忠烈，激励后人，特立此碑。

宁淑茂同志，一九一九年二月初二生，与文如结为伉俪后，积极支持文如的革命工作，文如同志牺牲后，她虽善良，但□□坚强，她忍痛烧掉遗物，埋了文如的遗体，尊老抚幼，跟着□，艰苦度日，四□年因病，终因积劳成疾，于一九八五年十月病逝，□□并葬于此。

房山区南召乡务滋村党支部　村委会
一九九五年八月十日

白文如，琉璃河务滋村人。靠承包梨园维持生活，后利用经营梨园、做买卖的方便条件，为八路军送情报和生活必需品，在家中建立最早的党组织联络站。1943年夏，在涿、良、宛县党组织领导下，经王玉喜和王秉章等共产党员介绍，加入中国共产党，成为务滋村第一位共产党员。此后，他积极开展秘密工作，发展共产党员，建立了务滋村第一个党支部，他任党支部书记。1945年7月，务滋村建立抗联会，白文如任主任。在共产党的领导下，抗联会组织兴修刺猬河下游水利工程，为农民谋利益。村民踊跃参加，解决了沿线各村防洪、排涝问题，从此，抗联会名声大振。但这项深得民心的工程，却遭伪国民党良乡县党部敌视，兴修水利时，从当时伪国民党良乡县党部书记家里的地开始修，出于当时抗联实力的强大，其表面虽然默认，但暗中却费尽心机想杀害负责人白文如。为打击伪保长气焰，清查务滋村伪保长账目，抗联会决定在1945年8月13日对伪保长徐殿魁游街示众。8月

12日晚上，区小队30多人到务滋村，积极支持抗联会活动。8月12日夜里2点多，伪良乡县党部决定派良乡还乡团200多人由大队长毕喜亭带队，镇压抗联活动,抓白文如。还乡团气焰嚣张，有人得信后连夜转告白文如，让他赶快躲藏起来。白文如想到让徐殿魁游街的各项工作已安排就绪，且张晋龄、房文权等区小队30人也在村中，就断然留下，急忙给村中的抗联会成员及区小队战士送信，途中不幸与还乡团相遇。白文如见自己逃不脱，迅速将上衣口袋中的一张共产党员名单地址吞进肚里。敌人见状，恼羞成怒，拳打脚踢，要白文如吐出纸条。任凭敌人怎么打，白文如硬是不吭一声。敌人无计可施，将白文如等同志杀害，白文如英勇就义，年仅31岁。为缅怀烈士，激励后人，1976年务滋村党支部曾为其立碑，后因长期风雨剥蚀、破损，于1995年8月10日白文如烈士牺牲50周年纪念日时，拨专款重新为烈士立起一座2.5米高的汉白玉石碑。

古镇新貌

中华人民共和国成立后,尤其是改革开放后,有着3000多年历史的琉璃河古镇再振雄风,勤劳朴素的人民群众发扬与时俱进的精神,充分发挥区域优势,不断开拓创新,不断取得新成绩,不断谱写新篇章。

琉璃河水泥厂

北京市琉璃河水泥有限公司（原名琉璃河水泥厂）与京广铁路、京石高速公路紧邻，隶属于北京金隅集团（原为隶属北京建筑材料集团有限责任公司），是房山地区最早的水泥业，国家大型企业，全国建材一类企业，中国水泥行业骨干企业。

琉璃河水泥厂从1939年开始筹建，距今已有70多年的历史。1937年9月，日军在京汉铁路琉璃河车站设立了军事据点。日军为达到掠夺中国资源的目的，利用琉璃河地区的重要地理位置和适宜环境，在琉璃河建水泥厂。当时水泥的主要原料即石灰石集中在周口店龙骨山一带，那里的石灰业历史悠久，而琉璃河距周口店矿只有15公里，且琉璃河水陆交通极为方便，有京汉铁路、京保公路从中穿过，有水路可达天津，采运很方便；水泥生产的其他辅助材料可就近取用，附近有黏土，水资源也极为丰富；人民生活极为贫困，又赶上天灾，为日军建厂提供了大批廉价劳动力。

在日本军方的支持下，由日本浅野洋灰公司牵头，筹建华北洋灰股份有限公司琉璃河工场，1939年10月动工。日本人为建水泥厂，以华北洋灰股份有限公司的名义，强行购买了大量土地。其中，在琉璃河地区购地140多公顷，又从东京浅野洋灰公司深川第一工场拆迁来一套旧设备。为加快施工进程，从琉璃河附近农村中雇佣了218名农民当劳工，最小的只有11岁。当时工人受尽磨难，建厂之初的1939年，正是琉璃河地区遭到一场罕见的特大洪水的一年，土地被淹，大批农民衣食无着，筹备建水泥厂的4个包工组织，利用极其苛刻条件雇佣农民当苦力，当时流传着一句顺口溜"家有半斗粮，不进洋灰厂"。1945年，工厂停产。至此，日本人统治琉璃河洋灰厂的历史结束了。

日本投降后，国民党接管水泥厂。1945年10月，国民党河北省政府派谢培英接收，日本由次长小寺升负责移交。到1945年12月，河北省政府又移交给国民党中央经济部，由冀热察绥区特派员办公处接收，1946年2月，国民党政府资源委员会正

解放初石灰石采运

水泥厂及宿舍区（20世纪50年代）

拉石灰石

职工夜校（20世纪50年代）

式接管。1946年3月1日，资源委员会华北水泥公司成立。公司下属两个厂，即锦西水泥厂和琉璃河水泥厂。自此，洋灰厂改称为水泥厂。华北水泥公司成立之后，即着手恢复琉璃河水泥厂的生产。1946年4月开始组织局部复工。1947年以后，水泥厂有料则开，无料则停。1948年12月8日晚，人民解放军到达琉璃河，至此，被国民党统治3年的琉璃河水泥厂回到人民手中。

1948年12月15日，华北人民政府军管组进厂接管。工作组以恢复生产为中心，进行宣传教育，举办训练班，开展一系列工作。1949年4月15日，琉璃河水泥厂恢复生产。1949年5月25日，朱德总司令等（陪同的有康克清、刘宁一等）乘火车到琉璃河车站，到琉璃河水泥厂视察参观，鼓励工人们要搞好生产，支援前线，要多生产水泥。1955年5月29日，刘少奇、朱德、董必武、林伯渠等中央领导再次视察琉璃河水泥厂。1953年8月，中共中央政治局委员、北京市委书记、市长彭真和市委第二书记刘仁等领导到水泥厂视察，对工厂的生产、环境及职工生活十分关心。1959年9月，彭真再次视察水泥厂，指示修建过路天桥。1960年，横跨京广铁路的天桥建成。

琉璃河水泥厂经过1953年、1958年、1975年3次大规模的技术改造，水泥产量由20万吨提高到130多万吨。1966年2月，琉璃河水泥厂被评为全国70个大庆式企业之一。同年，其生产的"长城牌"水泥改为"东风牌"，厂名也改为首都水泥厂。1978年党的十一届三中全会后，首都水泥厂干部、职工发扬改革创新的精神，不断改进技术，全力提高产品质量。1980年1月，

"首都水泥厂"恢复"琉璃河水泥厂"的厂名，1981年，水泥注册商标"东风牌"恢复为"长城牌"。之后，水泥厂不断探索企业改革开放的新路子，由生产型向生产经营型转变，实行岗位责任制，责、权、利相结合，大力推行科学管理方法，在生产、管理等各个方面实行目标管理。1982年生产的325号矿渣硅酸盐水泥和425号普通硅酸盐水泥被评为市级和部级优质产品，1983年8月，"长城牌"水泥获北京市著名商标称号。20世纪90年代，水泥厂净值达7000多万元。目前，水泥厂占地面积87.6万平方米，现注册资本3.3亿元，主业职工900多人（其中工程技术人员200多人），年生产能力达200万吨以上。产品获国家产品质量认证，先后通过ISO 9002质量体系认证、ISO 10012计量检测体系认证、OHSMS 18001职业健康安全体系认证、ISO 14001环境管理体系认证。公司生产的"金隅"（原"长城"）牌水泥被国家质量监督检验检疫总局授予"国家免检产品"，并获北京市首批"绿色建材产品"称号，"长城"牌商标连续多次荣获北京市"著名商标""北京名牌

琉璃河水泥厂

现代化的生产设备

健身场所

商品"等称号。水泥出厂质量合格率连续24年保持100%。产品先后被用于北京20世纪50年代十大建筑、80年代新十大建筑、亚运会场馆、西客站、中央军委大楼、东方广场、中华世纪坛等重点市政工程,为北京的经济建设做出了重要贡献。

北京金隅琉水环保科技有限公司隶属于北京金隅集团(股份)公司,注册资本6.551亿元。公司是全国建材大型一类企业,全国建材行业"靠新出强"优秀企业,全国建材企业文化建设示范单位,北京市10家首批循环经济试点企业之一,北京市企业技术中心,北京市高新技术企业,北京市绿化美化花园式企业。该公司坚持以水泥产品为支撑,技术、服务产业为助力的"三业并举、整体推进"的发展战略,努力成为生态保护友好型、绿色技术创新型、城市建设保障型和都市环境服务型"四型"企业。以循环经济和环保产业为主导，坚定走理性、健康、可持续发展的道路，努力成为"政府好帮手、城市净化器"：自主研发的国内首条飞灰处置工业生产线是国内飞灰处置的示范样板工程，为解决"垃圾围城"开辟了一条新路。城市垃圾焚烧飞灰水洗处置技术填补了国内在飞灰处置领域的空白，飞灰水洗处置技术已获得多项国家发明专利，获得中国工业大奖表彰奖，标志着我国在处置垃圾焚烧飞灰技术方面达到了国际领先水平。自主研发的污泥增钙热干化处置技术获实用新型专利和发明专利，具有处置量大、处置成本低、环保、处置完全彻底等特点，实现了城市污泥"减量化、资源化、无害化"处置。自主研发的创新型低温余热发电技术国际领先，获得国家发明专利、中国专利优秀奖和北京市科学技术三等奖，已在金隅集团所属的水泥企业得到推广普及。积极消纳火力发电厂粉煤灰、脱硫石膏、矿山石灰石废石、砂岩废渣、钢铁企业冶炼废渣、水渣、铁矿废渣、化工企业污染等多种形态和种类的废弃物，年处置量110万吨以上。为北京市地铁奥运工程、T3航站楼、新机场、北京城市副中心等重点城市工程建设项目的建设做出了重要贡献。

乡镇企业

改革开放初期，琉璃河一队的"迎宾饭馆"很快致富，刘李店大队第三生产队的家庭手工业发展起来，南洛五队的玉石器厂成功运营。致富典型带动了整个地区企业的发展。到20世纪90年代初期，琉璃河已发展乡村两级企业98家，出现了能承揽高层建筑的房山区建筑集团第三公司（为二级建筑企业）；与中美合资的北京吉普汽车有限公司联营定点生产其扩散产品的玛钢厂；生产国内首创产品的大理石对开机、抛光机的大理石机械厂；产品畅销北京王府井等地的饮料（新型饮料秘茶可乐）厂；生产高级餐巾纸、产品销往国外的兴河造纸厂等一些知名企业。随着企业"二次创业"，乡镇企业实行重组转制，加大了招商引资工作力度。同时，琉璃河的第三产业快速发展起来，其在农村经济总收入中的比例达到32%。

2002年以后，改革开放不断深化。镇党委、镇政府提出"工业强镇"发展战略。到2016年，全镇有乡镇企业2808家，从业人员1.56万人，有建筑、化工、造纸、食品等10多个行业，形成门类齐全的发展格局。规模以上工业总产值达12.3亿元。相继建成了北京龙建天鸿顺等一批现代企业，解决劳动力就业近万人。

北京龙建天鸿顺鸭业有限公司 位于平各庄村，为股份制企业，2004年7月组建，总建筑面积7.8万平方米，注册资金4300万元，总投资1.3亿元，由龙建集团控股经营，集"养殖、屠宰、种鸭、孵化、饲料加工、生熟食品加工"为一体，是房山区乃至华北地区肉鸭产业中的龙头企业和农业产业化企业。公司依托华都、双大两个肉鸡公司，肉鸡养殖迅速发展，商标注册名称为"天鸿顺"与"天鸿"，年完成出栏肉鸭量累计1800万只，日加工屠宰量5万只到8万只，天鸿顺工业园区有食品加工区、生态种鸭区、科技养殖区。企业实现了设施现代化、饲养技术科学化、屠宰加工机械化、产品市场化，产品销往全国各地。为确保产品无公害，与相关科研单位共同研制与开发有机饲料，使鸭肉达到有机产品标准，提高了产品附加值。同时，形成了严格

天鸿顺肉鸭养殖

的科学管理制度和完善的质量管理体系,已通过了 ISO 9001 质量管理、HACCP 食品安全、ISO 14001 环境管理与 OHSMS 18000 职业健康安全管理 4 个体系的认证;通过了国家农业部农产品质量安全中心认定无公害农产品证书与北京市农业局认定无公害农产品产地证书;被中国食品协会、国家农业部、国家卫生部等 8 个部门授予"食品安全示范单位";被北京市科技委员会认定为"高新技术企业"。

北京三江宏利牧业有限公司 位于常舍村,距北京市区 20 公里,西侧为京石高速、京九铁路(琉璃河站),东侧为京开高速,北侧为北京六环路和五环路。公司集种鸭饲养、种蛋孵化、饲料加工、肉鸭养殖、活鸭屠宰、加工、销售于一体,是北京地区最大的养殖加工基地之一和肉鸭产业的龙头企业。有种鸭场 4 座,总投资 6000 万元。公司通过科技指导,充分利用地区资源,直

三江宏利肉鸭养殖

接带动农民增收致富,并带动了琉璃河及周边地区的肉鸭业的发展,带动农户达 1000 户,解决农民就业 3000 人,养殖农户人均年收入在 3 万元以上,对琉璃河产业发展起到了示范和整体带动提升作用。

琉璃河神州绿普果菜产销合作社 为股份制民营企业,1987 年建立,是房山区第一家农业专业合作社和产业化龙头企业。2004 年,北京神州绿普果菜产销基地被确定为国家级标准化出口菜基地,琉璃河神州绿普果菜产销合作社于 2005 年被评为国家级农业专业经济合作组织,连续 4 年被评为房山区十佳外贸出口先进企业和首都郊区农产品出口创汇先进集体。企业以生产、加工各种蔬菜为主,蔬菜种植面积 200 公顷,带动 2356 户农民从事蔬菜种植。依托蔬菜种植基地的净菜加工厂,产品销往新加坡等地,2008 年实现蔬菜出口供货额 26 910 万元,直接出口额 100 万元。

北京燕都立民屠宰有限公司(原北京中原肉联厂) 位于平各庄村,建于 1992 年,2007 年底迁入琉璃河农产品产业基地内,是北京市生猪屠宰定点企业,专门从事生猪屠宰、预冷排酸肉直销上市的专业厂家。其生产的"燕都立民"熟肉制品(原为"中原"牌),在全市乃至全国享有盛誉。公司占地面积 9 公顷,建筑面积 13 500 平方米,总投资 9000 万元,职工 340 人,年屠宰能力 100 万头,年产值达 10 亿元。企业采用先进工艺流程,实现了全自动的生猪屠宰生产线,实现生产规模化发展,并通过了 ISO 9001 质量管理认证、HACCP 国际安全食品质量体系认证,

燕都立民有限公司

成为现代化先进生产企业。

北京金鸿纸业有限公司（原兴河造纸厂） 位于二街村，毗邻 107 国道、京石高速公路、京广铁路。公司建于 1984 年，占地面积 26 000 平方米，主导产品为生活用纸，生产的"金宇"餐巾纸、面巾纸、卫生纸和编织纸，在北京市甚至全国享有盛誉，年产量 5000 吨，职工 300 人，其中技术人员 50 人。2000 年通过了 ISO9001：2000 质量管理体系认证。

北京市房山区工艺琴制品厂（原南白小提琴厂、北京市第二提琴厂） 位于南白村，属村办企业，20 世纪 60 年代成立，原有 100 多名职工。该厂在北京市特等劳动模范、第十三届全国人大代表、提琴制作大师戴洪祥的指导下创办，其制作的小提琴，在第一届联邦德国卡塞尔国际高级小提琴制作比赛中被评为音质金奖,琉璃河是戴洪祥的故乡。该厂的前身是木业社,原是一家村集体企业,主要以生产木鱼等简单的木制乐器和提琴配件为主。20世纪70年代末成立北京儿童提琴厂。1985年,该厂更名为北京第二提琴厂,100多名工人均是南白村农民,制作的提琴、木鱼等木质乐器已有相当规模,生产的提琴规格齐全、用料考究、外形美观、工艺精细、音质好,特别是儿童提琴,炙手可热。1990年,成立北京市房山区工艺琴制品厂,其生产的"星海"小提琴远销国外。2002年该厂聘请中国音乐学院乐器制作教授张世臣先生共同研制中高档古琴,由专业古琴师进行技术测试,生产出多种样式的古琴,获得专家和市场认可。

北京市房山区工艺琴制品厂生产的古琴

北京市琉璃河劳保用品厂 位于三街村，东侧1公里为京石高速公路琉璃河出口和京广铁路琉璃河站，西侧107国道临厂而过。该厂属于股份制企业，1980年建厂，为劳动保护用品的专业生产厂家，劳保行业的"一枝独秀"。该厂是北京较早生产安全帽的"A级"企业，多种安全帽已在国内获得专利，企业通过ISO 9000：2000国际质量管理体系认证和欧盟"CE"产品质量认证，其产品多年连续被评为"优质产品"。生产的"盾"牌安全帽，被国家劳动部评为全国劳动防护用品标准化技术委员会唯一监制产品，产品行销全国，并销往美国、俄罗斯、日本、南非、东南亚等国家和地区。

北京尧上高尔夫俱乐部（原为北京窑上高尔夫俱乐部） 坐落于窑上村，东隔永定河与大兴区为邻，南与河北省涿州地区接壤，属北京市的边缘地带。昔日，窑上村是盐碱地成片，芦苇草丛生，老鼠、蛇虫遍地跑。如今，该村在荒地上植树种草，绿化美化133.33多公顷，当年的沙子地变成了"黄金地"。建在窑上村的北京尧上高尔夫俱乐部，总投资1亿多元，由澳大利亚著名设计师鲍勃·西亚倾心设计，造型师雄·劳森造型的金门18洞，具有国际水平，锦标级球场，能举办PGA职业高尔夫球比赛，球场开阔，环境幽雅，绿树如茵，草地如毡。

波峰绿岛生态观光园 由北京波峰种植有限责任公司扩建而成。位于琉璃河镇李庄村，占地面积约73公顷，与琉璃河镇商业街相邻，地处该镇最繁华地段，与韩村河、云居寺、十渡、野三坡等著名景点构成北方西南地区一道靓丽的风景线。自1996

年始,累计投资 2400 万元,建成综合农业园区,集绿色生态、养生度假、科技农业、教育观光、旅游娱乐、休闲健身、果品采摘为一体,观光园先后被评为北京市高效农业园区、科普示范基地、农业优秀龙头企业等。

北京科泰兴达高新技术有限公司 专业从事水处理设备及膜分离技术的研究、开发,并提供各类水处理工程的技术咨询、工程设计、设备制造和安装调试。公司生产的水处理设备已广泛应用于冶金废水回用、工业循环冷却水、锅炉用水、污水处理、矿井水净化、饮料浓缩、纯净水生产、制药、电子、水厂、中央水处理系统、商务办公楼和小区分质供水工程等领域。是北京市科委审核认定的高新技术企业,拥有国家环保总局颁发的环境污染治理设施运营资质。近年来先后顺利完成了首都钢铁公司污水回用及深度处理工程、青岛纺联集团和德棉集团设备冷却循环用水工程、首秦电厂设备用水和首秦炼钢冶炼废水回用等众多大中型重点工程项目,为居民安全饮水、高耗水耗能企业实现零排放目标和节水、节能、减排做出了突出贡献。

北京永正电器设备有限公司(原京华电器控制设备厂) 始创于 1983 年,位于镇白庄工业区内,是超低温空气源热泵热水机及采暖系统、高低压成套开关设备及电气元件的专业生产厂家。拥有标准化实验室、先进检测仪器和研发生产基地,引进欧美先进的超低温热泵采暖技术,研发生产超低温空气源热泵产业相关产品。现已发展成拥有南北两个园林式产业园区的高新技术企业。产品包含中央空调、超低温空气源热泵热水机组、一体化空气源热泵采暖系统、特种用途制冷（制热）产品等上百个品种规格。永正电器生产的空气源热泵采暖设备在绿色生态技术革新领域取得新突破，获得国家知识产权局实用型专利证书。2017年4月10日，在中国节能协会、中国节能协会热泵专业委员会以及中国热泵产业联盟组织的2016年北京"煤改电清洁能源"空气源热泵行业表彰活动中肯定了北京永正空气能热泵在节能减排领域做出的突出贡献。并为永正电器颁发"煤改清洁能源"突出贡献奖牌。2016年政府煤改电永正电器与北京朝阳区、海淀区、大兴区、平谷区、密云区、通州区以及石家庄高邑县等单位合作。永正电器空气源热泵项目在绿色生态技术革新领域取得新突破，获得国家知识产权局实用型专利证书。

中粮智慧农场 中粮智慧农场是集世界先进水平的高科技农业展示应用、现代农业科普教育、高品质生态田园休闲为一体的中国第一个世界级都市农场，是中粮集团携手中国农业科学院打造的中国首个世界级都市农场。2015年10月开园，规划总面积约1178亩，固定资产投资3.8亿元。内设"一心六园"，即智慧农业中心，以及花田漫步、牧场悠歌、乡野记忆、田园拾萃、林间采薇、伊甸寻芳等六大室外主题园区。项目以世界先进水平的高科技农业展示应用、现代农业科普教育、高品质生态田园休闲，创建"自然、生态、健康、绿色"一站式生产及服务链条，打造中国第一个世界级都市农场。中粮智慧农场通过打造农业创业平台、惠农利农平台、销售推广平台、交流研发平台，实现"全产业链""全服务链"的智能化覆盖，打造从田间到餐桌的一站式生态链条。同时项目结合"京津冀一体化""新型城镇化"战略，拉动地区农业发展、引领现代都市农业、探索中国现代农业出路，为现代农业的健康可持续发展提供解决方案，为新型城镇化建设与现代农业产业相结合提供了有益的探索和示范样本。

教育文化

　　琉璃河商周遗址出土的青铜器和单辕四厢、单辕两厢的车，证实在3000多年前，燕地的青铜器制造技术高超，车辆制作技术也达到一定水平。中华人民共和国成立后，科技在农业等方面的应用逐渐加大。1978年，琉璃河公社党委积极实施房山"科教兴房"战略，组织攻关小组，试制成功玉米秸秆收割粉碎机，一次完成钊、扛、攒、拉多项作业，日收割10公顷，可抵140个劳力和15辆马车。从2005年开始，琉璃河镇开展创新型乡镇建设示范建设，围绕"琉璃河镇区域经济发展规划"进行研究，开展多项科技成果应用研究与开发，有效促进了乡镇经济与社会发展。

　　中华人民共和国成立后，特别是改革开放以后，琉璃河的农村文化基础设施不断健全。17个农村高标准文化大院和12个村级健身活动场所建成，8个行政村有了数字电影放映厅；秧歌队、歌舞团等文艺团体达33个；文化活动形式多样，群众积极参与，

琉璃河镇第一届全民运动会

自编自演各种特色节目；实现"有线电视、广播、视频、网络"四位一体村村通，农民不出门可以遍览天下事。2006年由中央电视台、房山区妇联和琉璃河镇联合举办的"新农民形象大使"电视选拔赛，使农民走上了"乡村T台"，将崭新的农民形象呈现在人们面前。

琉璃河的教育是房山地区发展较早和较快的地区之一。西周时期，燕国都城设国学。明万历十八年（1590年），良乡县知县余镗建社学6所，琉璃河地区为其中之一，称燕谷社。清光绪二十七年（1901年）官学废止。至民国初年，琉璃河地区仍有塾学，学生20~40人。

起于清代的义学（义学是以贫寒子弟为招收对象的免费学校，经费来源于当地富户所捐学田，以学田租谷供延聘教师及学生书本纸笔费用）在琉璃河地区建立也很早，清康熙年间创建的隶属良乡县的义学一共有4所，琉璃河就有1所。

中华人民共和国成立后，琉璃河的普通教育、幼教、职业教育迅速发展。抗日战争爆发前，琉璃河就建立了完全小学。中华人民共和国成立前，有镇中心小学1所，另12个村有村办小学各1所。中学教育稳步发展。1952年，琉璃河初级师范招收了4个初中班。1963年，房山县教育局确定琉璃河等5所中学为贯彻"中学工作五十条"试点学校。改革开放后，全区调整中学布局，琉璃河等9所完全中学得以保留。琉璃河镇九年制义务教育全部达标，中小学入学率、巩固率、毕业合格率等各项指标全部达到或超过市里规定的标准。从1986年开始，逐年加大对地区教育的投资力度，鼓励各村、企业和社会各界积极投资办学，至1996年各村累计投资达900万元，社会各界捐助120万元，累计投资1500万元，1996年至2000年又投入教育资金178万元，各村的中小学均新建或翻建改造，学校面貌得到根本改变。现有镇属中学2所，中心校3所（下辖12所完全小学）。2008年底，全镇中小学有教职工457人，中小学生3650人，多年被房山区政府评为教育工作先进乡镇。

中华人民共和国成立后，幼教事业始受到重视。1952年，琉璃河水泥厂率先办起房山地区第一家厂矿幼儿园，入园幼儿35名，保教人员4名。20世纪90年代后，琉璃河办起中心幼儿园，现有2所幼儿园（不包括私办）。

琉璃河的职业教育起步也较早。民国年间，琉璃河创办了女子乙种实业学校，后改为女子国民学校。

1964年，为执行"大办农业"方针，在窑上等4个村创办4所农业中学。"文化大革命"后，农业中学被取消。1975年，务滋村创办林校，两三年后停办。1980年，北洛中学增设农职高中班2个，学生100名，学制2年，开设养殖、果木、作物栽培专业。此后，一些普通中学增加了为期一年的职业短期班，南召中学果林专业班就是其中之一。另外，镇还有成人学校1所、村成人学校48所。

琉璃河中学是一所历史悠久、积淀厚重、交通便捷、充满活力的完全中学。坐落在琉璃河明代古刹岫云观内。始建于1951年9月，当时的良乡县人民政府，为培养一批小学教师，在岫云观中创办了河北省良乡县初级师范学校，招收短训班50人，学制6个月；普通初师班1013人，学制3年。1952年9月，改为良乡县初级中学，招收初中学生200人。1954年，初级师范撤销，

琉璃河中学毕业照（1954年）

校名改为河北省良乡县琉璃河中学，1957年9月为北京市周口店区琉璃河中学，1971年2月增设高中班，成为一所完全中学，并更名为房山县琉璃河中学，1987年后改称为房山区琉璃河中学，一直沿用至今。2008年，

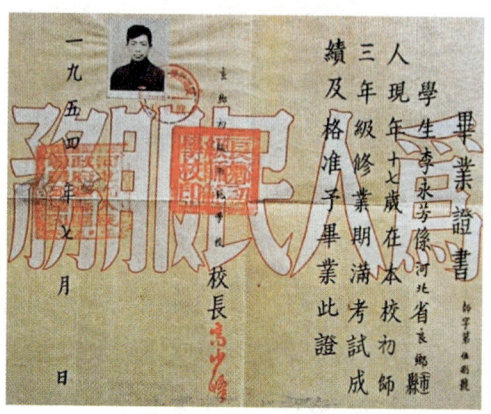

琉璃河中学毕业证书（20世纪50年代）

学校建筑面积10 966平方米，教学班30个，教职工146人，专任教师107人，中学高级职称20人，中学一级职称40人，市、区级骨干教师9人，校级骨干教师12人，在校生928人，住宿生300人。有计算机174台，图书40 276册。高中班有多媒体，

琉璃河中学大门（20世纪80年代）

今琉璃河中学大门

实现了网络教学、电子备课,学校的学习、生活设施齐全。2004年10月和2006年10月,学校先后获得"中央教育科学研究所、中央教育科学研究所德育研究中心"颁发的全国"德育科研先进实验学校"先进集体奖,2006年2月获得北京市政府颁发的"首都绿化美化花园式单位"、2007—2008学年度全面实施素质教育综合评价一等奖,优秀教职工之家等多项奖励。学生在北京市头脑创新思维竞赛中获第二名,在舞蹈比赛、校园剧比赛中获市级二等奖。在教育改革的新形势下,琉璃河中学团结奋进,以"创办京南乡村名校"为共同追求,一所"管理规范、校风文明、环境优美、设施现代、师资一流、生源较好、人民满意、办有特色"的优质完中校已逐步形成。目前,学校占地44 055平方米,建筑面积10 263平方米,现有教学班12个,在校学生537人,初中学生204人。

北京金隅科技学校（原北京市建筑材料工业学校）地处京广铁路琉璃河火车站东南侧500米，建于1955年1月，是北京市唯一一所面向现代制造业的国家重点中等职业学校和首批北京市现代化标志学校，隶属北京金隅集团有限责任公司。建校半个多世纪以来，学校由技工学校改为中专，继而进行半工半读教改实验，最后为中专性质。其间，学校8易归属，11次更改校名，变化频繁。最初学校名称为"中华人民共和国重工业部建筑材料工业管理局琉璃河技工学校"，到1959年2月改为"琉璃河水泥工业学校"，继而由技工学校升格为中专，1978年至2008年名称为"北京市建筑材料工业学校"，2009年2月改为"北京金隅科技学校"。学校先后被授予全国重点中等专业学校、全国职业技术先进单位、北京市职业教育先进单位、全国职业教育先进单位等荣誉称号，被北京市教委评为现代化标志学校。现学校建筑面积为10万多平方米，在校生达5000余人，教学及生活设施一应俱全；有专任教师155名。学校已形成了新材料、机电技术和信息技术3大类专业方向、共26个专业的格局，并建立了与之相配套的材料与建筑工程、机械与电气工程和信息与管理工程3大实训基地、21个实训中心和84个实训室，建成了填补全国职教行业空白的中控物理仿真中心，为全国建材行业教学指导委员会的秘书长单位和北京市高职中专数控专业教学指导委员会的主任单位。

抗日战争前，琉璃河地区有药铺数家。但卫生事业的真正发展当在中华人民共和国成立后。1958年，琉璃河卫生所吸收当

建材学校毕业合影（20世纪50年代）

地联合诊所部分人员，改成卫生院。至20世纪70年代，农村合作医疗全面兴起，琉璃河地区都建立了合作医疗站，基本实现了公社、大队二级医疗体制，实行"村办村管，群众办医办药"。20世纪80年代初，合作医疗站解体，依照国家政策，多数赤脚医生改为个体行医。20世纪90年代后，农村卫生工作全面加强，以初级卫生保健为中心，合作医疗再度启动。1995年，房山区被国务院确定为全国7省14县合作医疗试点单位。2003年，整体推进新型农村合作医疗。至2007年，全镇47个村、4个居委会，农村医疗卫生服务覆盖率达到了100%，全镇共有37739人参加新型农村合作医疗，参合率为100%。

琉璃河中心卫生院是该地区唯一的一级甲等医疗机构，位于刘李店村，紧邻107国道，中华人民共和国成立初期成立。在

50多年的发展历程中，中心卫生院三易其名，四迁院址，逐步发展壮大起来。1952年，在原个体诊所的基础上成立琉璃河西医联合诊所，工作人员4名，诊所设在琉璃河大街南门内路东侧，房屋2间。1953年，改为良乡县第三区卫生所，地址迁到琉璃河大街原国民政府所设的邮政所院内，人员增到7人，房屋3间。1958年，良乡县第三区卫生所改称房山县琉璃河中心卫生院，迁址到乡公所院内，人员发展到20人左右。1962年，迁址到琉璃河石桥东南侧，新建房屋40间，配备了先进医疗设备，增添专业技术人员。1978年，在琉璃河镇刘李店村新建卫生院，占地面积为7300平方米，自此，琉璃河中心卫生院进入了快速发展阶段。到20世纪90年代，琉璃河中心卫生院拥有医务人员80多名，业务科室10多个，各项业务水平在全区领先。1994年落成的门诊综合楼，极大地改善了百姓的就医环境。2004年，随着撤乡并镇的完成，原南召乡卫生院与窑上乡卫生院并入琉璃河中心卫生院，服务面积覆盖全镇6万人口，职工167人，年门诊量10万人次，成为房山区规模最大的卫生院。2008年，琉璃河中心卫生院下设社区卫生服务站14个，各类设备总数量为414台（件），是公费、医保、农村合作医疗的定点单位。镇社区卫生服务中心下辖南召、窑上两个分中心，16个社区卫生服务站，一个120急救站。有医、护、药、技等专业技术人员124人，其中高级职称13人，全科、外科、中医、预防保健、检验等科室均长期有高级职称医师应诊。中心是医保、农合定点单位，其中二街、兴礼两个社区卫生服务站于2015年纳入医保定点单位。

环境建设

远古时，燕地被原始森林覆盖，然自辽金始，原始森林大规模遭到破坏。其后，明清诸多皇家宫阙及园林的修造，使北京西部山区森林复遭劫掠，加上人口激增，至20世纪四五十年代，平原地区天然植被已无存，琉璃河地区也未能幸免。

房山东部平原地区，属北京市五大风沙危害之一，琉璃河的窑上村气候属温带大陆性季风气候，平均年降水量为616毫米，主要集中在夏季。春季干旱多风，耕地日趋沙漠化。1949年以后，开始造林治沙，营造农田林网。自1953年起，沿永定河、小清河堤岸，大力造护堤林。1956年，开始有计划地营造农田防护林，风沙危害严重的任营、万里等村为首期工程，并于琉璃河公路两侧植护路林。1981年，琉璃河镇被划分为平原农田防护林区，以农田防护和村镇绿化为主，主要有毛白杨、刺槐、松柏等树种。1982年，北京市远郊区县纳入"三北"防护林区。20世纪90年代，综合治理风沙，采用营造防风固片林、种植农作物等措施，合理开发利用土地资源，发展果园片林。

韩营村位于房山东南端，长期受风沙危害，大大小小沙丘有17座，最大的一个高达17米，当地流传的一些顺口溜很形象地描述了此种现象如"大风一刮,沙子搬家,果树倒折,沙压农田""韩营村三件宝,盐碱、沙荒、芦苇草,蚊子叮,蛤蟆吵,要吃粮仔细找,想花钱去打草"等。中华人民共和国成立后,在党和政府的领导下,韩营村党员干部与群众一起下定决心,团结战斗,改变贫穷面貌,向沙荒"宣战",把风沙危害村变成了果树栽培专业村。20世纪80年代,群众承包荒地种植果树,签订合同,20年不变,村里2000多棵老梨树按人均分给村民,全村90%的户有自己承包的果园。1992年,村党支部书记唐会带领一班人,聘请北京农校专家到村指导,成立果树技术服务站,启用大型机械几十台,栽种果树,沙荒地变成绿果园,京白梨、雪花梨、大鸭梨等品质上乘,果树栽植面积为33公顷,年产量达63万公斤,长期受风沙侵害的村民走上富裕路,韩营村成为治理风沙的示范村,1995年被评为全国造林绿化千佳村,1996年被确定为全国治沙示范村。

治理后的韩营村

京南梨乡

琉璃河镇素有"京南梨乡"和花果之乡的美誉。其东部地区以林果种植为主,果树栽种面积2000多公顷,占全区的39.9%;果品总产量达2840万公斤,占全区的33.7%。梨树栽种面积为1000多公顷,占全区梨树总面积的51%,百年以上的梨树600多公顷。有29个品种,鸭梨、酥梨、黄金梨最为著名。万亩梨园连绵成片,为综合性农业休闲基地,集生态示范、科普教育、赏花品果、采摘游乐、休闲度假、生产创收于一体。被房山区确定为重点开发项目,编入琉璃河镇旅游休闲产业规划中,万亩梨园的树龄都达到300年左右,树形挺拔。每年早春4月,梨花如雪,花香四溢;秋季,果实累累,香飘万里。

属秋子梨系统的京白梨,果实扁圆形,果皮黄绿色,贮藏后变为黄白色,果面平滑有蜡质光泽,果点小而稀,果肉黄白色,果肉细软多汁,易溶于口,香甜宜人,含糖量达11%,果心中大,果实8月下旬成熟,丰产稳产,不耐贮藏。

属白梨系统的鸭梨,自古就在琉璃河引种栽培。果实倒卵形,果肩顶部有鸭头状凸起,顾名思义。果皮黄绿色,品种特点是近果梗处有大片锈斑,贮藏后淡黄色,套袋栽培的果实呈黄白色,果点小而颜色浅,果面洁净漂亮,果肉白色,细嫩多汁,有宜人的清香，含糖量达 12%，石细胞少，果心小，果实 9 月中旬成熟，耐贮藏。

酥梨是杂交品种，1969 年定名推广，1976 年引入北京。果实呈现卵形或卵圆形，果面具明显纵沟，平均单果重 250 克，最大的达 500 克以上；果皮黄绿色，皮薄、细。套袋果果皮黄白色，果面洁净，果点小而稀。果肉白色，肉质脆嫩，多汁，肉多，脆酥，味淡甜，含糖量达 11%；不套袋果果皮黄绿色，贮藏后变为金黄色。果心中大，石细胞少，早酥梨在 7 月底成熟，一般的 9 月上旬成熟，较耐贮藏。含有多种维生素及糖、矿物质，并有一定的药用价值，具有润肺止咳、去热消炎及解酒毒等功效。

黄金梨是韩国品种，1984 年定名推广。果实近圆形或扁圆形，平均单果重 350 克，最大单果重达 500 克以上。不套袋果果皮黄绿色，贮藏后变为金黄色；套袋果果皮淡黄色，果面洁净，晶莹剔透，果点小而稀。果肉白色，肉质脆嫩，多汁，石细胞少，果心极小，有香气，味甜，品质极佳，含糖量达 14%~15%，果实 9 月中下旬成熟，较耐贮藏。

经千年优胜劣汰，白梨系统的鸭梨、秋子梨、蜜梨、红肖梨等和秋子梨系统的京白梨、鸭广梨、秋梨、酸梨、小雪花梨等品种，在房山永定河沿岸的冲积地已形成大片的梨园。改革开放后，琉璃河的旅游休闲产业迅猛发展，改建和引进贾河京白梨大家族主题公园、务滋百果休闲采摘园等一批观光采摘园等，形成一条西起波峰绿岛观光采摘园，东至尧上高尔夫俱乐部的农业休闲产业带。集观光、采摘、餐饮、住宿、休闲、娱乐为一体的多功能农事乐园，为人们的假日休闲提供了好去处，大大丰富了人们的文化生活。

位于小清河、永定河冲积平原的务滋休闲旅游度假村，其独特的沙化土质，特别适合果树生长，生产的果品清脆甘美、甜度高、口感好；该地区无污染企业，环境幽雅，景色优美，空气清新，水质纯净，林木覆盖率达55%以上，有天然氧吧之称；每年4月上旬到5月中旬，梨花竞相绽放，犹如一片花的海洋；度假村内种植梨树历史悠久，最早可追溯到清朝中叶，可称得上是"京郊梨村"。13万多株梨树，百年老梨树达100公顷，品种既有鸭梨、广梨、白梨、子母梨、红宵梨、雪花梨等传统品种，也有最新引进的早酥梨、黄金梨、绿宝石、黄冠等名优品种，适合不同阶层、不同人群的口味，6月中旬各类果品陆续成熟，采果期可一直延续到10月中旬，是旅游观光开发项目的理想之地，已通过安全食品认证，注册了"兴召"牌酥梨商标，远销俄罗斯、新加坡等地。成立了务滋村"琉璃河镇远丰酥梨协会"，精品酥梨品质上乘、产量高。

贾河村的梨花文化周，集文化、娱乐为一体，浓郁的乡村韵味、清香的泥土气息，让人回味无穷。该村果园面积达200公顷，年人均收入8500元，全村仅林果一项年收入就有300万元。贾河村的水质纯净，空气清新，土质以沙土为主。村内种梨的历史长达200多年，最老的梨树有近300年历史了。梨的品种繁多，品质极佳。全村年果品总产量可达到1500万公斤，其中子母梨、鸭梨、广梨、京白梨、红肖梨等品种成为传统梨中的精品，畅销

贾河村的梨花节

北京、天津和东北地区。贾河村充分发挥地区优势，发展观光旅游产业，2007年，召开房山区秋子梨品评推介会，专题研讨了"房山区京白梨大家族"主题公园的发展大计，建起了"京白梨大家族主题公园"和梨源纸箱厂。

说起贾河村的老梨树，还有一个美丽的传说。乾隆年间，永定河决口了，冲毁了几个村庄，其中的老君堂村片瓦无存。水退之后的第三天，乾隆皇帝徒步视察，当时正值金秋时节，到金门闸后叫侍从们采摘野果尝鲜，无意中在贾河、官庄一带采摘了一些白梨和红肖梨，乾隆皇帝品尝后，觉得味道甘美，酸甜可口，随即留下一句"千年之梨不毁"的口谕，除下旨保护这一带的老梨树外，还在周边栽植梨树几千亩，于是形成一处在华北地区保存最完整的大梨园。2008年,以贾河村梨园为主会场的首届梨花文化周系列活动吸引了八方来客,成千上万的游人到此欣赏梨花、采摘休闲。

绿色生态精品小城

琉璃河镇是北京市知名的京南绿色生态精品小城镇。早在2000年,琉璃河镇即被确定为北京市33个重点建设的小城镇之一。之后,琉璃河作为房山区的6个中心镇和4个市级中心镇之一,加快了建设步伐。镇党委、镇政府着力围绕塑造"北京之源"文化品牌打造小城镇建设。2003年,为适应合并后琉璃河镇的总体发展规划,重新制定并完善了绿色生态小城镇建设目标的城镇规划。2004年以后,以建设京南绿色生态精品小城镇为目标,加快精品小城镇建设步伐:一是加强小城镇远景规划。以规划为龙头,按照基础设施完善、产业布局合理、生活环境优美、文化氛围浓郁、辐射功能强劲的城镇发展要求,增强小城镇对镇域经济发展的影响力和带动力,加快推进城镇化进程。二是加强中心区生态环境建设。改建中心区主干路及支路,扩大中心区发展规模,加快汇元超市、步行街等工程建设,强化精品意识。三是加强基础设施建设。实行统一规划建设,加快银果林、新燕都家园等房地产开发项目进度,抓好水、电、路、气等基础设施建设。

四是加强配套设施建设。完成中心卫生院病房楼工程和南召中学、中心校扩建工程，加快联村供水厂和污水处理厂建设，完善各项配套服务功能。采取多种市场经营运作手段，多渠道、多形式融资，完成了小城镇中心区控制规划，房山区率先得到北京市规划委员会的批准。在城镇住宅、道路交通、综合环境、基础设施等建设方面，均进展快速。完成金果林住宅小区和洄城旧村改造建设工程；修建了长38米、宽35米的琉璃河南桥，投资720万元改建了107国道琉璃河大街，各村修建了水泥路、柏油路；建设了政府科技楼和绿色广场；投资430万元建设了"靓水公园"（占地19.3公顷），完成了垃圾消纳场工程，投资30万元建造了标志性建筑物"伯矩鬲"和标志性景观"千手巨人"；建设了汇元步行街和汇元购物中心；建设了供水场和天然气站。2007年8月，完成兴礼变电站工程，安装了110千伏50兆伏安有载调压变压器2台和全长11公里的电线，有效解决了农民就业产业基地开发建设的用电需求，减轻了琉璃河综合供电负担，保证了北京中原肉联厂、北京龙建天鸿顺等重点企业和周边居民的正常生产生活。

社会主义新农村建设如火如荼。琉璃河镇结合实际，提出了"经济发展有实招，民主健全有措施，精神充实有载体，环境良好有标准"的社会主义新农村建设思路，坚持"全面部署、分类指导、突出重点、严格考核"的创建方法，采取"政府主导、农民主体、项目补贴、对口帮扶"的方式，多渠道筹措资金，普遍动员，梯度推进，全镇自2005年7月15日开始启动创建和谐村（社）活动，以抓"五化五改"为重点，其中"五化"：一是净化，畜禽圈养、厕所水冲、垃圾无害、饮水合格、做到街道净、院落净、厨房净、厕所净。二是硬化，村内主要街道胡同路面全部硬化（水泥或柏油路）。三是亮化，村内主要街道安装路灯，专人管护，定时开关。四是绿化，四旁植树，村在林中，做到"四季有绿、三季有花"。五是美化，统一规划，综合治理，整齐洁净，视觉美观。"五改"：一是改水，建设统一的供水设施，让村民饮用洁净的自来水。二是改厕，改造厕所，实现如厕有水冲、污水有序排放。三是改电，进行低压电路整改，实现农民插卡用电。四是改能，实施太阳能、秸秆气化、沼气入户工程，建设节能型村（社）。五是改线，铺设"信息化高速公路"，实现广播、电视、宽带、视频"四位一体"村村通。

　　建设生态型新农村，实现"五有五无"。"五有"：一是有一个坚强有力的领导班子。二是有一个良好的村貌民风。三是有一个较强实力的支柱产业。四是有一套较为健全的文教卫体活动场所和较为完善的基础设施。五是有一套较为完善的长效管理机制。"五无"：一是无计划外生育，计划生育率不低于全镇平均水平。二是无重大治安刑事案件、严重经济案件和重大责任事故。三是无集体上访和越级上访。四是无困难群体、弱势群众得不到保障和无因贫失学。五是无非法宗教和邪教活动。建设和谐型新农村，同时按照"十条标准"争创和谐示范户，通过镇、村、户联动，全镇的新农村建设蓬勃展开，农村面貌发生了巨大变化，京南绿色生态精品小城镇初具规模。

现代农业示范镇

琉璃河是房山区农业大镇，该镇充分利用物产丰富、平原广大的优势，坚持农业产业化与现代都市农业齐头并进。撤乡并镇后，针对新特点，重新调整了农业发展思路，确定发展东部林果产业带、中部畜牧养殖产业带、西部农产品加工产业带、琉窑路和107国道两侧的苗木产业带4个产业带。2004年，完成农田林网更新改造，实施老果园配套管灌，全镇农业产业化建设进一步加强。2005年5月，市农村工作委员会确立了54个农民就业产业基地，琉璃河为房山区6个市级农民就业产业基地之一。基地按照产业和企业集群化发展、建设特色产业园的基本思路，整合现有基础设施，加大招商引资力度，逐步显现了都市工业发展和农民就业增收的载体作用。2006年，琉璃河镇食品加工基地被农业部确立为"全国农产品加工示范基地"，规划总用地面积约为330公顷，7家企业入驻基地。充分发挥国家级农产品加工示范基地的作用，形成了以肉鸭屠宰加工、肉食品加工、净菜加工、粮食加工为主的农产品加工基地，并带动了全区农产品和食品加工业的快速发展。

全镇农产品出口呈现区域特色优势，出口基地逐步扩大，已发展出口基地6个，共带动农户3420户，在全国带动蔬菜基地 8600 公顷，带动果品基地种植 347 公顷，出口肉鸭年出栏达 800 万只，形成了以蔬菜、肉鸭、果品为主导的一批优势产业和产品，建立了相对稳定的出口销售网络，产品远销日本、韩国、新加坡、马来西亚等国家和地区。

2007 年 7 月，琉璃河镇率先在全市提出了建设都市型现代农业示范镇，《琉璃河镇都市型现代农业示范镇建设方案（草案）》通过市农委、市科委、中国农业大学、区农委等多家单位的评估验收，现代农业示范镇的作用越来越显著，标志着北京市首家都市型现代农业示范镇建设进入了实施阶段。相继建起肉鸭、蔬菜、生猪、果品、休闲观光农业、农产品加工 6 大优势特色农业主导产业，形成了较为健全的农业产业体系。同年 11 月，完成了"国家级万亩农业综合开发建设工程"，工程总投资 600 万元，硬化田间路 2.5 万米，平整土地 33.3 公顷，建设渠系建筑物 70 个，主干排清淤疏挖 4000 米，修建干沟桥 8 座，打、维修机井 40 眼，埋设输水管道 1.2 万米，营造防护林 2.4 公顷，工程有效改善了农业生产条件，促进了农业增产、农民增收。

如今，琉璃河镇都市型现代农业凸显优势。拥有集世界先进水平的高科技农业展示应用、现代农业科普教育、高品质生态田园休闲为一体的中国第一个世界级都市农场——中粮智慧农场。依托中粮智慧农场优势产业辐射带动作用，全力打造具有鲜明产业特色的精品农业园区。

旅游休闲产业发展迅速，辖区内有贾河京白梨大家庭主题公园、天香牡丹园等一批农业休闲产业。其中，琉璃河镇贾河京白梨大家庭主题公园已连续举办9届梨花文化周。一个具有千年历史的遗址公园北京"燕都小镇"正在形成。

2009年8月，琉璃河镇被确定为北京市42个重点发展的小城镇之一；2012年，被国家发改委确定为全国发展改革试点小城镇；2014年，被评为北京市都市型现代农业示范镇；2015年，被科技部评为国家农业科技示范区（核心区）。

2016年底，琉璃河镇全年完成税收2.04亿元，完成财政收入5944万元。农民年人均可支配收入达到21 172元。年末实有耕地4281公顷，粮食播种面积2025.7公顷，粮食总产量11 568.4吨。主要农作物小麦播种面积706.3公顷，玉米播种面积1319.4公顷。林地资源丰富，林地覆盖面积6.7万亩，林木覆盖率41%。

2016年底，全镇固定资产投资7.47亿元，规模以上工业总产值12.3亿元。全镇有乡镇企业2808家，从业人员15 585人。主要包括建筑、建材、化工、造纸、铸造、印刷、加工、运输、食品、餐饮服务和房地产等。

特色小镇建设成效

近年来，琉璃河镇始终坚持顶层设计，按照田园城市的理念，高标准、大尺度、深层次构建生产空间、生活空间、生态空间的基本框架和空间布局,实现了重点园区建设稳步推进、新型城镇化进程全面提速、生态宜居品牌特色更加凸显,特色小城镇建设取得阶段性进展。

棚户区改造项目全面启动。自2015年起,琉璃河镇将棚户区改造作为推进新型城镇化进程的重要手段,主要涉及镇中心区及生态谷园区两个区域。其中,镇中心区洄城等5村棚户区改造项目,总用地面积235.31公顷,划分为6个片区,分两期滚动开发,项目预计总投资113.7亿元,项目已于2017年9月正式启动。生态谷园区兴礼等5个村棚改项目,总占地面积362.32公顷,预计总投资154.04亿元,分两期滚动实施,目前正在协调洪评问题。

中国北京农业生态谷产业园区项目接连落地。投资3.86亿元的中粮智慧农场,作为园区首个产业项目于2015年10月顺利开园,占地248亩的中粮健康生态科技产业园项目实施方案已经区政府专题会通过,前期手续办理已经接近尾声,为生态谷园区三大重要板块(中粮智慧农场、中粮大健康产业园、美丽小镇)的建设奠定了基础。同时,依托园区产业用地资源,整体谋划高端电子商务城产业定位,与嘉民集团、京东集团开展深度对接,促进战略合作,未来将形成以嘉民房山、京东工业4.0为代表的高端电商物流产业集群,不断丰富园区产业结构、提升园区产业水平。

生态环境建设水平大幅提升。近年来,琉璃河镇致力于建设"路水林田湖"五位一体自然生态景观,充分发掘利用生态资源优势,大规模实施2.3万余亩平原造林,全镇林木资源达到6.5

万亩,林木覆盖率达到42%;投入21.75亿元的琉璃河湿地公园全面动工,完成小清河、挟括河、大石河等中小河道治理工程,镇域水生态环境整体改善,"三河湿地"景观系统初步呈现。同时,全镇环境综合整治、大气环境污染治理、低端产业清退均取得可喜成效。

发展规划展示美好蓝图。围绕建设"一区一城"新房山,打造京保石发展轴桥头堡,加强规划统筹,提升城市规划建设管理水平。强化城市景观、公共空间、建筑风貌等的控制引导,在《琉璃河镇总体规划》的基础上,坚持差异化、特色化、精品化标准,按照森林城市、田园城市的理念,高标准搞好琉璃河"燕都特色小镇"一体化空间形象规划设计,高标准、大尺度、深层次规划田、水、园、林、路等要素,描绘好琉璃河镇生产空间、生活空间、生态空间的基本框架和空间布局,使其产业定位、形象设计、建筑风格、实践路径等特色更加鲜明,统领都市型现代农业示范镇、田园牧歌休闲港、高端电子商务城建设和中心区改造,全力打造京保石发展轴上独具特色的"燕都小镇"。

在此基础上,深入做好西周燕都大遗址保护规划、大遗址公园建设规划设计、临空经济产业园、都市型现代农业发展规划、文化休闲旅游产业规划、燕都文化森林公园、永定河滨水森林公园等一系列专项规划,把打造有特点、有文化、有韵味的、独具魅力的特色小镇形象作为顶层设计的首要任务。注重统筹协调,系统谋划好经济建设、政治建设、文化建设、社会建设、生态文明建设五位一体总体布局,推进各项事业统筹协调发展。

后　记

  按照北京市地方志编纂委员会办公室的工作要求，在区委、区政府的领导下，《琉璃河》一书终于出版。

  琉璃河作为北京3000多年建城史的开端、北京城的发源地，历史悠久、文化灿烂、生态良好，被称为"北京之源"。琉璃河是西山永定河文化带建设的重要组成部分，记载、挖掘古镇丰富的历史文化资源，对建设琉璃河大遗址公园，打造房山的金名片，保护、传承中华优秀传统文化，弘扬社会主义核心价值观都具有重要的历史和现实意义。

  《琉璃河》一书已经入选《京华通览》丛书。该书是在《北京琉璃河图志》一书的基础上，进行修改补充而成。本着精益求精、质量第一的原则，广泛搜集资料，为采集第一手资料，先后采访白庄、立教等村的一些老人，收集口述资料；反复整理、核实资料；多次到窑上、董家林、黄土坡等村拍照。一分耕耘，一分收获，坚持不懈的努力，六易其稿，顺利完成终审稿，交付出版社。

本书编纂过程中，得到了北京市地方志办公室领导谭烈飞的指导和帮助；京煤集团宣传部高级政工师潘会楼老师，以家乡之情给予大力帮助，提供有关资料；琉璃河镇党委、政府大力支持配合，郑迪飞、于建伟、祝文亮等先后协助提供资料；北京市文物研究所、西周燕都遗址博物馆、琉璃河中学、北京金隅科技学校等多家单位积极提供图片、资料，以及琉璃河水泥有限公司宣传部部长王良、社区居委会主任王德成等同志鼎力相助；区史志办贾昉、蔡晓东、赵茂义、冯雪萍，以及果建红老师等积极帮助审稿；北京出版社各位编辑一丝不苟地审阅。在此，一并向慷慨相助的各位领导和同志表示诚挚谢意。

以 10 余万字贯穿千年古镇，难免挂一漏万，再者，本人水平有限，书中纰漏、错误肯定难免，恳请广大读者提出批评指正，不胜感激。

谨以此书为起点，愿为西山永定河文化带之悠远深厚的房山文化建设添砖加瓦。

李桂清

2017 年 11 月